W0172617

KINDLER KOMPAKT
SKANDINAVISCHE
LITERATUR
19. JAHRHUNDERT

Ausgewählt von Karin Hoff
und Lutz Rühling

J.B. Metzler Verlag

Kindler Kompakt bietet Auszüge aus der dritten, völlig neu bearbeiteten Auflage von *Kindlers Literatur Lexikon*, herausgegeben von Heinz Ludwig Arnold. – Die Einleitung wurde eigens für diese Auswahl verfasst und die Artikel wurden, wenn notwendig, aktualisiert.

Dr. Karin Hoff ist Professorin am Skandinavischen Seminar der Georg-August-Universität Göttingen.

Dr. Lutz Rühling ist Professor für Neuere Skandinavische Literatur an der Christian-Albrechts-Universität zu Kiel.

Inhalt

Die skandinavischen Literaturen des 19. Jahrhunderts

Karin Hoff · Lutz Rühling

Das 19. Jahrhundert ist literaturgeschichtlich nur schwer in den Griff zu bekommen. Anders als die beiden vorangehenden Jahrhunderte, die beide mehr oder weniger ganz im Zeichen einer einzigen Epoche standen, zerfällt es in eine Vielzahl von Epochen und Strömungen, über deren Bezeichnung, Dauer und grundlegenden Eigenschaften bis heute keine Einigkeit besteht. Dies ist in verschiedenen europäischen Literaturen so; doch in Skandinavien tritt erschwerend hinzu, dass die Verläufe in den einzelnen Ländern jeweils unterschiedlich sind. Spätestens ab dem 19. Jahrhundert verbietet es sich daher, von ›der‹ skandinavischen Literatur zu sprechen: Es gibt vielmehr die großen festlandskandinavischen Literaturen – die dänische, schwedische, norwegische – sowie die inselskandinavischen – die isländische und färöische.

Am Anfang des 19. Jahrhunderts steht die Romantik, die aufgrund des starken deutschen Einflusses um 1800 als erstes Land Dänemark erfasst und sich zuletzt, ab den 30er Jahren, in Norwegen bemerkbar macht – eine Reihenfolge, die von da an in gewisser Weise als typisch für die skandinavischen Literaturen angesehen werden kann. Im Anschluss an die Romantik, teilweise sogar noch während dieser Zeit, machen sich wie überall in Europa realistische Strömungen geltend, ohne jedoch die romantischen Tendenzen vollends verdrängen zu können. Diese Zeitspanne insbesondere ist extrem heterogen. In ihr werden auch erstmals die Folgen der Industriellen Revolution spürbar, die nach dem ersten Drittel des Jahrhunderts nach und nach alle europäischen, ab den 60er Jahren dann auch die skandinavischen Länder erfasst. Ihren unmittelbaren Ausdruck findet sie in dem so genannten *Modernen Durchbruch* der 1870er Jahre. Das Jahrhundert geht wiederum mit einer Vielzahl von Strömungen zu Ende, die zum Teil bereits auf die Literatur des 20. Jahrhunderts vorausweisen und die man am einfachsten unter dem rein pragmatischen Begriff ›Literatur der Jahrhundertwende‹ zusammenfasst.

Der Legende nach beginnt die Romantik in Skandinavien mit einem angeblich sechzehnstündigen Gespräch des jungen Adam Oehlenschläger mit dem Norweger Henrich Steffens, in dem dieser den später von seinen Zeitgenossen als ›Nationaldichter‹ verehrten Dänen mit den Grundzügen der deutschen Romantik bekanntmacht. 1803 veröffentlicht Oehlenschläger einen umfangreichen Band mit dem schlichten Titel *Digte* (1803; Gedichte), der als erstes Werk der skandinavischen Romantik gilt und mit seinem Konglomeratcharakter aus verschiedenen Gattungen für diese sogleich paradigmatische Funktion besitzt. In ihm findet sich auch das berühmte Programmgedicht »Guldhornene« (»Die Goldhörner«), das den Fund und Verlust der beiden Bildhörner von Gallehus thematisiert und romantisch ausdeutet: Gefunden werden die Goldhörner, ein Geschenk der Götter an die Menschheit, von naiven Naturkindern; verloren gehen sie, weil die philiströse Gegenwart dieses Geschenk nicht zu würdigen weiß, sondern in ihnen lediglich den materiellen Gegenwert oder eine antiquarische Kuriosität verkörpert sieht.

Trotz seiner Intitialfunktion passt »Guldhornene« nicht so recht zu den beiden von der deutschen entborgten Hauptströmungen der skandinavischen Romantik: der Universal- bzw. Transzendentalromantik auf der einen und der Nationalromantik auf der anderen Seite. Bei anderen Werken Oehlenschlägers ist dies anders. Ein Grundtext der Universalromantik ist das ebenfalls bereits in *Digte* enthaltene Lesedrama *Sanct Hansaften-Spil* (1803; Johannisnacht-Spiel), das in Anlehnung an Tiecks *Der gestiefelte Kater* (1797) und Shakespeares *A Midsummer Night's Dream* (ca. 1600) eine typisch universalromantische, polyphone Gattungs- und Stillagenmischung bringt. Doch bereits das Märchenspiel *Aladdin* (1805), das einer eher klassizistisch inspirierten Synthese von Phantasie und Verantwortungsgefühl das Wort redet, bereitet Oehlenschlägers Abkehr von der Universalromantik vor. Die meisten seiner Texte sind denn auch der Nationalromantik zuzurechnen. Dies äußert sich insbesondere in seiner Vorliebe für das historische Drama, das er für Skandinavien begründet und das bis weit in die Mitte des 19. Jahrhunderts hinein für viele andere Dramatiker Skandinaviens sowohl Vorbild als auch Zielscheibe war, an der es sich abzuarbeiten galt. Diese historischen Dramen haben ihrerseits als Vorbild Friedrich Schiller, als dessen legitimer Nachfolger in der deutschen Literatur sich Oehlenschläger gerne gesehen hätte – ein Rang, der ihm verwehrt blieb, obwohl nahezu alle seiner Werke auch auf Deutsch erschienen und er mit seinem *Corregio* (1811) gar ein deutschsprachiges Originalstück schuf.

N eben Oehlenschläger haben noch drei weitere dänische Romantiker in der Literaturgeschichte Spuren hinterlassen: B. S. Ingemann, der neben heute noch als kanonisch geltenden Kirchenliedern auch bedeutende Kunstmärchen schrieb, ist vor allem als Begründer des historischen Romans in Dänemark bekannt, deren Handlung ins dänische Mittelalter führt und die ihm, ähnlich wie auch Oehlenschläger, bereits zu Lebzeiten erhebliche Popularität in seiner Heimat einbrachte. N. F. S. Grundtvig, der wie Ingemann mit zahlreichen Kirchenliedern im dänischen Gesangbuch immer noch präsent ist, beschäftigte sich intensiv mit nordischer Mythologie und Dichtung. Bekannt ist er heute zudem noch als Reformator der Volkskirche und Begründer der dänischen Volkshochschule. Der vierte dänische Romantiker, der deutsch-dänische Lyriker Adolph Schack von Staffeldt, hingegen wurde erst spät wiederentdeckt und ist nur noch in der dänischen Literaturgeschichte verankert.

Die schwedische Romantik setzt gegenüber der dänischen mit einer Verspätung von etwa zehn Jahren ein. Dies hat zu tun mit dem restaurativen Kulturklima, welches das erste Jahrzehnt des 19. Jahrhunderts in Schweden prägt und das aufgrund der jahrelangen Hinwendung Schwedens zur französischen Kultur noch mehr oder weniger im Zeichen des französischen Klassizismus steht. Anders als die dänische ist die schwedische Romantik in Schulen und Dichterzirkeln organisiert, die auch unterschiedliche politische Ziele verfolgten. Auf der einen Seite steht *Auroraförbundet* (Aurorabund) mit einer an der deutschen Universalromantik orientierten Auffassung von Literatur und einer politisch eher liberalen Haltung, auf der anderen *Götiska För-*

bundet (Götischer Bund), der in zeitlicher Reihenfolge *Auroraförbundet* ablöste mit einer eher nationalromantischen und politisch konservativen Ausrichtung.

Die führenden Köpfe dieser Vereinigungen gehören zugleich von Umfang und Qualität ihrer Texte zu den bedeutendsten Autoren der schwedischen Romantik: für *Auroraförbundet* P. D. A. Atterbom, der mit seinem Werk *Svenska siare och skalder* (1841–1849; Schwedische Seher und Dichter) die erste schwedische Literaturgeschichte verfasste; für *Götiska föbundet* Erik Gustaf Geijer, als Professor für Geschichte an der Universität Uppsala mit *Svenska folkets historia* (1832–1836; Geschichte des schwedischen Volkes) Autor einer der populärsten schwedischen Geschichtswerke des 19. Jahrhunderts. Während das literarische Werk Geijers recht begrenzt ist – zu seinen bekanntesten Texten zählen Balladen mit nationalromantischen Stoffen und Motiven –, hat Atterbom mit dem Lesedrama *Lycksalighetens ö* (1824–1827; Die Insel der Glückseligkeit) eines der umfangreichsten skandinavischen Dramen des 19. Jahrhunderts überhaupt geschaffen. Dieses Märchenspiel, das in seinen Verfahrensweisen entfernt an Oehlenschlägers *Aladdin* erinnern kann, ist eine komplexe Allegorie auf die Unerreichbarkeit des Ideals auf Erden und redet stattdessen einer Synthese aus Streben nach diesem und praktischer Wirksamkeit das Wort.

Nicht alle schwedischen Romantiker lassen sich umstandslos einer der beiden Gruppierungen zurechnen. So steht der im 19. Jahrhundert lange als schwedischer ›Nationaldichter‹ verehrte, aber auch in Deutschland breit rezipierte Esaias Tegnér zwar *Götiska förbundet* nahe; sein Werk ist jedoch viel stärker als das der Götizisten klassizistisch geprägt. Dies gilt nicht zuletzt für sein populärstes Werk, das Versepos *Frithiofs saga* (1825), die Bearbeitung einer gleichnamigen altnordischen Saga. Auch hier geht es wieder, wie bei so vielen Texten der Zeit, um eine Synthese, diesmal unter anderem aus Heidentum und Christentum, die der Held der Saga nach seiner abschließenden Läuterung verkörpert. Tegnér nur als den Autor der *Frithiofs saga* zu betrachten, würde allerdings zu kurz greifen: Er ist zudem hervorgetreten als Verfasser zahlreicher, noch heute in der schwedischen Literatur als kanonisch geltender lyrischer Gedichte, von Romanzen und weiteren Versepen sowie nicht zuletzt als bedeutender Briefeschreiber und Rhetor.

Der zweite schwedische Romantiker, der weder *Aurora*- noch *Götiska förbundet* zuzurechnen ist, ist Johan Erik Stagnelius, der zu Lebzeiten wenig Ansehen unter seinen Zeitgenossen besaß, sondern erst nach seinem frühen Tod angemessen gewürdigt wurde. Stagnelius war sowohl Lyriker als auch Dramatiker. In seiner Lyrik wendet er sich, wie zuvor in Deutschland Klopstock, antikisierenden Formen zu; einige seiner bekanntesten Gedichte sind Oden und Hymnen. In seinem dramatischen Werk hingegen lässt er im Laufe seines Schaffens den Klassizismus hinter sich und widmet sich zunächst dem zeittypischen Geschichtsdrama, während seine letzten Werke zwischen Stoffen aus der griechischen Mythologie, dem Urchristentum und volkstümlichen bzw. Märchenstoffen schwanken.

Der dritte schließlich ist der auch heute noch durch Neuübersetzungen in Deutschland vertretene Carl Jonas Love Almqvist, dessen alle Gattungen umfassendes Riesenwerk *Törnrosens bok* (Das Buch der Dornenrose) zugleich romantische als bereits auch realistische Züge in sich vereint. So ist etwa der Roman *Drottningens juvelsmycke* (1834; Das Geschmeide der Königin) mit seinen Gattungsmischungen aus Erzählprosa, Drama und Lyrik einerseits ein typisch universalromantischer Text, andererseits aufgrund seiner Milieuschilderungen und seines historischen Ambientes jedoch auch ein Text, der dem Realismus zumindest nicht mehr allzu fern steht. Zu diesem wendet sich Almqvist dann mit seinem wohl berühmtesten Text, dem kurzen Roman *Det går an* (1839; Es geht an / Die Woche mit Sara), ausdrücklich zu und diskutiert die Frage, ob eine Liebesbeziehung zwischen Mann und Frau die Ehe zwischen beiden voraussetze – was ein Grund dafür gewesen sein dürfte, dass die Reformpädagogin Ellen Key ihn später als »Schwedens modernsten Dichter« bezeichnen sollte.

Wie die deutsche, so steht auch die skandinavische Romantik unter dem Vorzeichen einer Nationsfindung, die wesentlich durch die Napoleonischen Befreiungskriege ausgelöst wurde. Sowohl Dänemark als auch Schweden gehörten zu deren Verlierern: Dänemark, weil es im Kieler Frieden von 1814 Norwegen, das unter dem Dach der von Dänemark dominierten Kalmarer Union jahrhundertelang Teil des Reichs gewesen war, an Schweden abtreten musste; Schweden, weil es 1809 das ebenfalls jahrhundertelang dazugehörende Finnland an Russland verlor. Diese Verluste werden von der Literatur der Romantik verarbeitet in dem Bemühen, ein neues, den geänderten Umständen entsprechendes nationales Selbstbild zu konstruieren, das in entscheidender Weise an die imaginierte Größe und die vorgeblichen Tugenden des nordischen Mittelalters und seiner Menschen anzuschließen versuchte. In Norwegen hingegen war die Situation eine etwas andere, da Norwegen durch die neue Personalunion mit Schweden zum ersten Mal seit Jahrhunderten wieder so etwas wie eine nationale Eigenständigkeit zuteil geworden war. Für die norwegische Kulturelite ging es daher in erster Linie darum, ein Bewusstsein als eigenständige Nation in der Bevölkerung allererst zu erschaffen. In diesem Zusammenhang sind auch die im Geiste der Brüder Grimm entstandenen berühmten Sammlungen von Volksmärchen durch Per Christen Asbjørnsen und Jørgen Moe zu sehen, die ab den 1840er Jahren erschienen und in denen, nicht zuletzt aufgrund der Eingriffe der Herausgeber, das Bild des ›typischen Norwegers‹ geschaffen werden sollte.

Das norwegische *Nation Building* lief nicht ohne innere Spannungen ab, die bereits in den 30er Jahren in der Fehde der beiden norwegischen Romantiker, Henrik Wergeland und Johan Sebastian Welhaven, einen Höhepunkt erlebten. Beide standen für unterschiedliche Ideen von der künftigen norwegischen Nation: Während Wergeland auf die Rückbesinnung auf eine vorgeblich autochthone, und das heißt insbesondere: von Dänemark unabhängige norwegische Kultur setzt, die er in einem typisch romantischen Gedankengang im Mittelalter vermutete, ist für Welhaven die neue norwegische Nation nur auf dem Hintergrund der gemeinsamen Geschichte mit Dänemark vorstellbar. Ihren sichtbarsten Ausdruck fanden diese unterschiedlichen Konzepte im norwegischen Sprachenstreit, dessen Nachwirkungen noch in der heutigen Sprachpolitik Norwegens zu sehen sind: Auf der einen Seite stand eine Gruppe um den Botaniker und Sprachforscher Ivar Aasen, die sich, ausgehend von den Ideen Wergelands, für eine auf den Dialekten beruhende norwegische Kunstsprache einsetzte, das sogenannte »landsmål« (heute »Nynorsk«); auf der anderen Seite waren diejenigen, die, dem Lager Welhavens nahestehend, eher eine Anpassung der Amtssprache Dänisch an die sprachlichen Gepflogenheiten der Bewohner Christianias (wie die norwegische Hauptstadt bis 1924 hieß) befürworteten.

Auch unabhängig von den unterschiedlichen Positionen des norwegischen *Nation Buildings* sind Wergeland und Welhaven die dominanten Literaten ihrer Zeit. Während Welhaven sowohl als Lyriker und Literaturkritiker hervortrat, ist das Werk Wergelands vielfältiger: Neben lyrischen und Prosagedichten verfasste er auch Dramen, das umfangreiche Versepos *Skabelsen, Mennesket og Messias* (1830; Die Schöpfung, der Mensch und der Messias) und eine Autobiographie. Vor allem seine letzten Texte reizen, wie die romantischen Romane Almqvists, die Möglichkeiten der romantischen Kunsttheorie bis aufs Äußerste aus und streifen die Grenzen zur Moderne.

Mit Wergelands Tod 1845 enden zugleich die skandinavischen Romantiken. Eine Ausnahme stellt allerdings die isländische Literatur dar, die sich erst mit Verzögerung an die gesellschaftlichen und kulturellen Modernisierungsprozesse anschließt und noch bis Ende des 19. Jahrhunderts stark ihrer mittelalterlichen Erzähl- und Dichtungstradition verpflichtet bleibt. So erscheinen im 19. Jahrhundert Neuausgaben der Sagas und der Edda, und der lakonische Sagaton sowie die Stoffe der mittelalterlichen Mythologie prägen noch über lange Zeit die isländische Dichtung, die sich erst nach und nach von der Dominanz der mittelalterlichen Tradition löst. Dies führt dazu, dass in Island die Romantik noch sehr viel später einsetzt als in den Festlandliteraturen. Das Ende der Romantiken dort bedeutet jedoch nicht, dass romantisches Gedankengut danach vollkommen in Vergessenheit geraten wäre; insbesondere in Dänemark ist dieses vielmehr so präsent, dass man vom ›Romantizismus‹ gesprochen hat, der die Zeit zwischen Romantik und *Modernem Durchbruch* präge. Romantizismus ist Romantik ohne Metaphysik: Motiv- und Themeninventar der Romantik werden übernommen, aber gleichsam verbürgerlicht, zu bloßem Bildungsgut degradiert. An keinem Dichter lässt sich dies besser ablesen als an dem bedeutendsten dieser Zeit, dem einzigen, der im

Romantizismus Weltgeltung erreicht und zugleich einem der Big Five der skandinavischen Literaturen überhaupt: an Hans Christian Andersen. Andersen ist einerseits noch in der Romantik verhaftet, wie sich beispielsweise an seinem Märchen »Klokken« (1845, Die Glocke) ablesen lässt, geht andererseits jedoch über sie hinaus. Vor allem in den Romanen, die sicher nicht zu seinen populärsten Werken gehören, steht Andersen dem poetischen Realismus nahe, während Texte wie die satirische *Fodreisen fra Holmens Kanal til Amager Pynt* (1829; Fußreise von Holmens Kanal bis zur Spitze von Amager) die universalromantische Poetik eher zu einer munteren Gattungsparodie nutzen, der das universalromantische Streben nach Transzendenz abgeht.

Obwohl Andersens umfangreiches Werk alle literarischen Gattungen umfasst – es enthält lyrische Texte, Romane, Erzählungen, Märchen, mehrere Autobiographien und Dramen – sind seine »Märchen und Geschichten« (Eventyr og Historier), wie er selbst sie in einer 16 Sammelbezeichnung nannte, die mit Abstand populärste und auch in literarischer Hinsicht bedeutendste Werkgruppe. Dabei ist eine klare Tendenz erkennbar: Von den anfänglichen Bearbeitungen dänischer Volksmärchen über Kunstmärchen hin zu eben jenen »Geschichten«, die sich mitunter einer exakten Gattungszuordnung widersetzen und zwischen realistischer Alltagserzählung, Kunstmärchen und fantastischer Erzählung changieren. Changierend ist auch der Ton vieler »Märchen und Geschichten«: zwischen ironisch gebrochenem Weltschmerz, Sentimentalität und beißender Sozialkritik im Sinne seines englischen Dichterfreundes Charles Dickens. Charakteristisch für Andersen ist dabei seine Tendenz zur Harmonisierung von Gegensätzen – am deutlichsten vielleicht in der Autobiographie *Mit Livs Eventyr* (1855; Märchen meines Lebens) –, eine Tendenz, die wiederum zeittypisch ist und auch bei anderen Autoren sowohl des Biedermeier, des Romantizismus als auch des poetischen Realismus anzutreffen ist. Andererseits war er jedoch stärker als viele seiner Zeitgenossen auch solchen Phänomenen durchaus aufgeschlossen, die sich auf den ersten Blick einer solchen Harmonisierung widersetzten; immer wieder versuchte er etwa, die Folgen von Modernisierung und Industrialisierung in Dänemark literarisch zu verarbeiten, wobei er nicht selten auch hier zur Form des Märchens griff.

Andersen ist eine literarische Gestalt, die im Prinzip genau auf der Grenze zwischen Romantizismus auf der einen und poetischem Realismus auf der anderen Seite steht. Gerade in Dänemark brachte der Romantizismus eine Blüte nicht nur der Literatur mit sich, welche die Zeitgenossen von einem »goldenen Zeitalter« sprechen ließen (eine Bezeichnung, die noch heute in der dänischen Literatur- und Kunstgeschichtsschreibung gebraucht wird), obwohl sich auch dessen herausragende Autoren wie Carsten Hauch (1790–1872), Christian Winther (1796–1876), Frederik Paludan-Müller (1809–1876) oder Henrik Hertz (1798–1870) in ihrer internationalen Rezeption und Bedeutung nicht mit Andersen messen lassen können.

Die starke Stellung romantizistischer Strömungen gerade in Dänemark darf allerdings nicht darüber hinwegtäuschen, dass es ebenfalls hier bereits recht früh realistische Tendenzen gab – zu einer Zeit, als die Romantik noch als das beherrschende literarische Paradigma galt. So etablierte bereits im Jahr 1824 der später stark in der jütländischen Heimatbewegung engagierte Pfarrer Steen Steensen Blicher mit der Erzählung »En Landsbydegns Dagbog« (Tagebuch eines Dorfküsters) das für den Realismus so bedeutsame Genre der Novelle. Daneben entsteht zur selben Zeit die ebenfalls exemplarische Untergattung der Alltagserzählung, als deren Vorreiterin die Mutter des späteren Literaturpapstes Johan Ludvig Heiberg, Thomasine Gyllembourg, angesehen werden kann, die 1828 mit eben einer solchen titelgebenden »Alltagsgeschichte« debütierte. Dies war nur der Auftakt einer ganzen Reihe von ähnlichen Geschichten aus dem bürgerlichen Milieu, deren vornehmliche Pointe darin bestand, einen geeigneten Mann und eine geeignete Frau zusammenzubringen und in ihrer Heirat das Indiz einer erfolgreich abgeschlossenen Sozialisation zu sehen. Dieses Genre boomte nicht nur in Dänemark, sondern ebenso in Schweden, wo Autorinnen wie Fredrika Bremer zu international beachteten Massenschriftstellerinnen wurden. Auch der deutsche Markt wurde um diese Zeit – Mitte des 19. Jahrhunderts – von Texten dieser Art geradezu überschwemmt, die ihren Weg nicht zuletzt in zahlreiche Anthologien und Reihen fanden und so einen erheblichen Beitrag zur Popularität der skandinavischen Literaturen im 19. Jahrhundert lieferten.

In Norwegen steht auch die realistische Literatur großenteils im Zeichen des *Nation Buildings*. Dazu trugen weniger die in wesentlichen Zügen noch dem Paradigma Oehlenschlägers verpflichteten frühen Geschichtsdramen Ibsens bei als vielmehr die wenigen so genannten »Bauernerzählungen« seines Landsmannes, des Schriftstellers, Politikers und späteren Literaturnobelpreisträger Bjørnstjerne Bjørnson. Diese, vom Inhalt her mit den deutschen Dorfgeschichten verwandten, aber im zeitgenössischen norwegischen Bauernmilieu spielenden Erzählungen entwerfen das Bild einer traditionellen Wertegemeinschaft, die zwar durch die ›Fehler‹ Einzelner gestört, aber nicht wirklich erschüttert werden kann; sobald diese Fehler beseitigt sind, steht auch hier einer Heirat der Protagonisten und damit ihrer erfolgreichen Sozialisation in diese Gemeinschaft nichts mehr im Wege. In formaler Hinsicht bedient sich Bjørnson bisweilen Erzählverfahren, wie sie aus den altnordischen Sagas bekannt sind, und stellt somit seine Helden in eine seit langem tradierte skandinavische Erzähltradition. Die Figurenzeichnung der Texte wirkt geradezu tiefenpsychologisch fundiert und macht aus den Bauernerzählungen Meisterwerke des Realismus, die in mancher Beziehung durchaus bereits auf der Grenze zu modernem Erzählen balancieren.

Einige der Realisten wie etwa Frederika Bremer, Wergelands Schwester Camilla Collett (1813–1895) oder der Däne Hans Egede Schack (1820–1859) stehen allerdings nicht so sehr einem poetischen als vielmehr einem kritischen Realismus nahe. Dies gilt auch für die Texte von Thomasine Gyllembourg oder Almqvist, die ebenfalls bereits Geschlechterverhältnisse, die Ehemoral oder die sozialen Ungerechtigkeiten in ihren Ländern zu kritisieren beginnen und sich dezidiert von romantischen Idealen abwenden. Damit weisen sie bereits auf die folgende Periode voraus, denn in allen drei großen skandinavischen Ländern – unabhängig von ihrer jeweiligen politischen und kulturellen Lage – verschiebt sich ab der zweiten Hälfte des 19. Jahrhunderts der Fokus allmählich von der (National-) Romantik und der Verklärung der Realität hin zu einer kritischen Sicht auf den bürgerlichen Alltag, auf das Verhältnis von Provinz und Stadt sowie die Relation des einzelnen Individuums zur Gesellschaft. Ins Zentrum rücken nun Fragen nach gesellschaftlichen Neuordnungen, dem Aufstieg des Bürgertums und den Herausforderungen der Industriellen Revolution.

Das in allen skandinavischen Ländern zu beobachtende wachsende Interesse der Künstler und Intellektuellen an ihrer politischen und sozialen Gegenwart zeigt sich zunächst deutlich und länderübergreifend in den Reaktionen auf den deutsch-dänischen Krieg 1864. Einige namhafte skandinavische Autoren rufen zu einer gesamtskandinavischen Haltung und Solidarität mit Dänemark auf, darunter die Norweger Bjørnstjerne Bjørnson und Henrik Ibsen. Ibsen verarbeitet seine Sicht auf den Krieg während seines Auslandaufenthalts in Rom im Ideendrama *Brand* (1866), in dem er die Folgen des bedingungslosen Entweder–Oder eines einzelnen charismatischen Helden reflektiert. Brand will die Gesellschaft ohne jede Rücksicht gegenüber sich selbst oder anderen zum Aufbruch bewegen, scheitert damit zwar, bleibt sich selbst jedoch bis zum Schluss treu. Bjørnson hingegen beobachtet das Kriegsgeschehen distanzierter, aber mit deutlicher Sympathie für die Unterstützung Dänemarks. Nach und nach reagieren die skandinavischen Literaturen also auf die Herausforderungen der aktuellen politischen Ereignisse und der sozialen Veränderungen – und das mit großem Erfolg und einer enormen internationalen Außenwirkung.

Zu diesem Boom der skandinavischen Literatur in Europa im letzten Drittel des 19. Jahrhunderts trug maßgeblich der dänische Kulturvermittler Georg Brandes bei mit seiner 1871 an der Universität Kopenhagen gehaltenen Vorlesung über *Hovedstrømninger i det 19. Aarhundredes Literatur* (1871; Hauptströmungen der europäischen Literatur des 19. Jahrhunderts). Brandes kritisiert hier zunächst die Rückständigkeit vor allem der dänischen Literatur, die weit hinter den großen europäischen Ländern zurückliege, und fordert, dass sich die skandinavischen Literaten nicht länger auf die Verklärung der Realität konzentrieren und am »Goldenen Zeitalter« festhalten sollten, sondern dass es gelte, sich an den europäischen Literaturen, insbesondere dem Naturalismus und seinen theoretischen Vordenkern, zu orientieren, die auf jeweils individuelle Weise aktuelle soziale Prozesse zum Gegenstand ihrer Texte machten. Vor allem die Überlegungen des Franzosen Hippolyte Taine zur Determination des Individuums durch seine Herkunft und sein Milieu finden Einlass in die öffentliche Rede über eine Literatur, die sich den Herausforderungen der Moderne zu stellen habe. Wirkungsvoll und eindringlich ruft Brandes dazu auf, dass eine lebendige, zeitgemäße Literatur gesellschaftliche Probleme zur Debatte stellen und sich engagiert in die politischen und sozialen Diskussionen einmischen müsse. Konkret fordert er die kritische Befragung der Ehe und des Geschlechterverhältnisses, der Ökonomie, insbesondere auch der finanziellen Abhängigkeit der Frau, sowie der Kirche und deren Moral. Damit greift Brandes Ideen auf, die nicht nur in den großen europäischen Literaturen den Übergang zur Moderne markieren, sondern auch bei zahlreichen skandinavischen Intellektuellen und Künstlern auf fruchtbaren Boden fallen. Diese spezifische skandinavische Variante des europäischen Sozialrealismus und Naturalismus wurde schließlich nach Georg Brandes benannt, nämlich nach seinem Buch über *Det moderne Gjennembruds Mænd* (1883; Die Männer des modernen Durchbruchs).

E iner der zentralen Gegenstände der Texte in den 1870er und 80er Jahren ist die Familie als Mikrokosmos der bürgerlichen Gesellschaft. So wird in Ibsens Gesellschaftsdramen die finanzielle Abhängigkeit der Frau in der Ehe – insbesondere in *Et dukkehjem* (1879; Ein Puppenheim) – und die Lebenslüge zur Etablierung und Aufrechthaltung einer bürgerlichen Moral – wie in *Gengangere* (1881; Gespenster) und *Vildanden* (1885; Die Wildente) – jeweils im Kontext bürgerlicher Kleinfamilien verhandelt. Die Stücke lösten heftige Reaktionen aus: Ibsen musste *Et dukkehjem* für eine Flensburger Aufführung umschreiben und mit einem neuen Schluss versehen, in dem die Protagonistin Nora am Ende ihren Mann und ihre Kinder nicht verlässt, sondern ihre Ehe fortführt – ein Ende, das sich jedoch nicht durchgesetzt hat. Vielmehr wurde sein emanzipatorisches Stück von der Frauenbewegung in ganz Europa als Signal zum Ausbruch aus dem Patriarchat interpretiert. *Gengangere* wurde wegen der Behandlung von Tabuthemen wie Ehebruch, Syphilis, der Kritik am Klerus und seiner bigotten Moral zunächst gar nicht gespielt und kam erst in den USA zur Uraufführung. Bjørnson kritisiert weniger die Institution Ehe als die bürgerliche Sexualmoral in seinem Stück *En handske* (1883; Ein

Handschuh) und löst damit unter seinen skandinavischen Schriftstel-
lerkollegen eine heftige Sittlichkeitsdebatte aus. Hier geht es unter
anderem um die unterschiedlichen Moralvorstellungen, denen Männer und Frauen vor Eintritt in die Ehe ausgesetzt sind. Auch August
Strindberg mischt sich ein und bezieht Stellung: Seine provokative
Reaktion in der Erzählungssammlung *Giftas* (1884; Heiraten) bringt
ihm sogar einen Gerichtsprozess wegen Blasphemie ein. In seinen
naturalistischen Dramen *Fadren* (1887; Der Vater) und *Fröken Julie*
(1888; Fräulein Julie) stellt er den »Kampf der Gehirne« demonstrativ
dem Geschlechterkampf gegenüber und setzt sich in der Vorrede zu
Fröken Julie programmatisch mit dem modernen Subjekt auseinander,
das er als Konglomerat verschiedenster Einflüsse von außen definiert.
Strindbergs Helden auf der Bühne sind von Beginn seiner Dramen-
produktion an solche zusammengesetzten, heterogenen Charaktere,
die sich im Dialog entfalten. Die Machtverhältnisse, die hier zum Vor-
schein kommen, sind nicht an die soziale Schicht oder das biologische
Geschlecht gebunden, sondern Macht hat die Person, die die Sprache
zu beherrschen weiß. Es ist kein Zufall, dass in Strindbergs naturalistische Schaffensperiode ein durch Brandes vermittelter intensiver
Briefaustausch mit Friedrich Nietzsche fällt, der sich von Strindbergs
Fadren ebenso begeistert zeigt wie dieser von Nietzsches Diktum von
der »Umwertung der Werte«.

Neben dem Drama und dem Theater, das der Diskussion über die
gesellschaftlichen Veränderungen und die damit verbundenen Konsequenzen für die bürgerliche Familie und für deren Wertesystem ein
öffentliches Forum bietet, erscheinen in der Durchbruchsepoche vornehmlich sozialrealistische Erzählungen und Romane. Der Däne Jens
Peter Jacobsen, dessen Karriere als Naturwissenschaftler begann und
der sich daher schon früh intensiv mit Charles Darwins Ideen beschäftigte, skizziert in seiner Erzählung *Mogens* (1872) geradezu paradigmatisch die Entwicklung eines vom romantischen Denken bestimmten,
lebensunfähigen Träumers zu einem erwachsenen beziehungsfähi-
gen Mann, der sich seiner Natur (auch der seiner Triebe) stellt. Die
norwegischen Erzähler Jonas Lie und Alexander Kielland beschreiben
den Aufstieg des Bürgertums und Geldadels vor einer dezidiert norwegischen Kulisse: Die Fjälllandschaft mit ihren Mythen, die in die

moderne Gegenwart hineinreichen, sind dabei ebenso Thema wie die wachsende Bedeutung des Geldes als Distinktionsmerkmal einer reichen Kaufmanns- und Seehandelsfamilie. *Pengar* (1885; Geld) heißt auch der Roman einer der bedeutendsten Schriftstellerinnen der Zeit, Victoria Benedictsson, die unter dem männlichen Pseudonym Ernst Ahlgren Prosatexte und Dramen veröffentlichte. Ihre Themen sind wie die ihrer norwegischen Kollegin Amalie Skram die Fremdbestimmung der Frau in der Familie und Ehe, ihre sexuelle Unfreiheit und die Schwierigkeiten, als Frau in einem immer noch patriarchalischen System ein autonomes Leben zu führen. Alle diese Autorinnen und Autoren rücken die Rolle des einzelnen Individuums in einer von Normen und Konventionen geprägten Gesellschaft ins Zentrum ihrer Texte.

Bevorzugter literarischer Raum, der die Herausforderung der neuen Zeit repräsentiert, ist nun die moderne Großstadt: Mit *Röda rummet* (1879; Das rote Zimmer) schreibt Strindberg einen der ersten skandinavischen satirischen Gesellschafts- und Großstadtromane, der Däne Herman Bang schildert in *Stuk* (1887; Stuck) eindringlich die Verlogenheit hinter den bürgerlichen Fassaden, und 1890 wird der Norweger Knut Hamsun mit seinem Roman *Sult* (Hunger) die Ambivalenz der modernen Metropole und den Hunger des Helden nach Kreativität und Anerkennung auf seinem ziellosen Umherirren durch die Straßen Kristianias (Oslo) schildern. Brandes' Vorlesungen wurden also nicht nur von seinen dänischen Landsleuten gehört, sondern auch von den jungen Autoren und Autorinnen in Norwegen und Schweden und waren Mitinitiator einer nunmehr modernen, kritisch-engagierten Literatur, die alle großen skandinavischen Länder gleichermaßen betraf. Kennzeichen dieser spezifisch skandinavischen Reaktion auf den europäischen Naturalismus ist die Konzentration auf die aktuellen Fragestellungen, die vor allem das aufsteigende Bürgertum und seinen Alltag betreffen und die in einem sozialrealistischen Ton vorgetragen werden.

Der *Moderne Durchbruch* hielt aber nicht nur in Skandinavien Einzug mit einer Vielzahl von provokativen und gesellschaftlich relevanten Dramen und Prosawerken, sondern feierte auch außerhalb der Landesgrenzen große Erfolge. Autoren wie Ibsen, Strindberg und

Bang, die viele Jahre im europäischen Ausland verbrachten, ließen sich zunächst auf ihren Reisen durch Europa von den großen Theatern inspirieren, um dann selbst Impulsgeber für die modernen Bühnen zu werden: So wurden in Paris an Lugné-Poes *Théâtre d'Œuvre* und Antoines *Théâtre Libre* Ibsens Dramen *Peer Gynt* (1867), *Gengangere* (1881; Gespenster) und *John Gabriel Borkmann* (1896) aufwändig und erfolgreich inszeniert. Und diese Aufführungen nahmen sich später vor allem auch die jungen, experimentellen Berliner Theater, Otto Brahms *Freie Bühne* und Max Reinhardts *Kammerspiele* zum Vorbild und erprobten in ihren Inszenierungen von Ibsens *Gespenstern* – mit den berühmten Bühnenskizzen des norwegischen Malers Edvard Munch – sowie von August Strindbergs Stücken eine neue Theaterästhetik. Die Begeisterung für die junge Literatur aus dem Norden war groß, und der Kulturtransfer zwischen den Ländern verlief jetzt in die andere Richtung: Skandinavische Literatur repräsentierte eine moderne Dichtung, an der sich zahlreiche europäische und vor allem auch deutsche Autoren orientierten. Die Texte wurden zügig ins Deutsche übersetzt, der S. Fischer Verlag gab die viel beachtete Reihe mit dem Titel *Nordische Bibliothek* heraus, und die deutschen Dramatiker Arno Holz und Johannes Schlaf publizierten sogar unter dem Pseudonym Bjarne P. Holmsen, um die Popularität ihrer Texte zu steigern und die Verkaufszahlen zu sichern.

Alle diese Texte, die nun im Ausland auf so große Resonanz stoßen, zeigen aber auch, dass sie sich von der ersten Phase des so genannten *Modernen Durchbruchs* nach und nach entfernen. Während Brandes' Vorlesungen zunächst das literarische Engagement einfordern, verschiebt sich der Fokus ab etwa 1890 von gesamtgesellschaftlichen Fragen auf die Herausforderungen, denen sich das moderne Subjekt zu stellen hat, sowie auf ästhetische Modernisierungsverfahren. Symbolistische und avantgardistische Tendenzen zeigen sich in Ibsens Spätwerken wie *Bygmester Solness* (1892; Baumeister Solness) und *Når vi døde vågner* (1899; Wenn wir Toten erwachen), und Herman Bangs Erzählungen über die *Stille existencer* (1886; Stille Existenzen) wie auch seine Romane *Ved vejen* (1886; Am Wege) oder *Tine* (1889) weisen mit ihren Perspektivwechseln und Fokussierungen impressio-

nistische Züge auf. August Strindberg experimentiert in allen ästhetischen Ausdrucksformen – auch der Malerei und der Fotografie. Exemplarisch lässt sich sein radikaler und programmatischer Bruch mit der
künstlerischen Tradition und jeglicher Normierung der Dichtung in
seinen Theater- und Dramenprojekten nachvollziehen, wie etwa in
seinem Stationendrama *Till Damaskus* (1898–1901; Nach Damaskus), das
die Krise des modernen Subjekts durchspielt. In der Erzählprosa tritt
zunehmend die Beschreibung des Innenlebens der einzelnen Individuen anstelle einer realistischen Alltagsdarstellung. Knut Hamsuns
frühe Romane repräsentieren diese moderne Erzählweise ebenso wie
die Autoren der sogenannten *Kristiania-Bohème*, Hans Jæger und Christian Krogh. Sie schildern einerseits die Schattenseiten der modernen
Großstadt und verlagern zunehmend die Perspektive auf die seelischen Konflikte ihrer Protagonisten. Prostitution, Drogenmissbrauch,
Langeweile und das Gefühl der Décadence prägen viele dieser Texte
der Jahrhundertwende und demonstrieren nachdrücklich, dass die
skandinavische Literatur nicht länger hinter den großen europäischen
Literaturen zurücksteht, sondern maßgeblichen Anteil an einer europäischen Avantgarde hat.

    Die deutlichste Abkehr vom Durchbruch markieren aber die so
genannten *Nittiotalister*, vornehmlich schwedische Autoren der 1890er
Jahre: An ihrer Spitze steht zunächst der spätere Nobelpreisträger Verner von Heidenstam, der 1889 einen programmatischen Text mit dem
Titel »Renässans« (1889; Renaissance) vorlegt, in dem er der Dominanz
des Sozialrealismus eine Wiederbelebung romantischen Denkens
und traditioneller Denkmuster entgegensetzt. Mit Heidenstams Forderungen einher geht auch ein neuer Rekurs auf lyrische Formen: Das
Gedicht, das für die sozialkritischen Themen und die Debattenkultur
des *Modernen Durchbruchs* eher ungeeignet schien, wird nun wieder zu
einer bevorzugten Gattung. Für die Rückbesinnung auf die Romantik
und eine produktive Auseinandersetzung mit der Moderne gleichermaßen kann Heidenstam eine ganze Reihe von Gleichgesinnten
gewinnen: Die Lyriker Gustaf Fröding und Erik Axel Karlfeldt, der
1931 als bisher einziger postum mit dem Literaturnobelpreis bedacht
wurde, rufen in ihren Gedichten die Erinnerung an schwedische Mythen und Sagen wach. Sie beschreiben mal melancholisch und mal

weltzugewandt den Verlust von Heimat und die Veränderungen, die ihre Welt erfahren hat. In diese neuromantische Periode fällt auch das Debüt Selma Lagerlöfs, die 1918 den Literaturnobelpreis erhielt. Ihr Roman *Gösta Berlings saga* (1891) trägt schon im Titel den Rekurs auf alte Erzählformen, die bei Lagerlöf jedoch immer wieder subversiv unterlaufen werden: Die Ambivalenz von Tradition und Moderne, Sehnsucht nach einer verlorenen Geborgenheit und die Neugier auf Veränderung und Aufbruch stehen hier repräsentativ für die skandinavischen Literaturen des ausgehenden 19. Jahrhunderts. Das Jahr 1900 stellt dabei keineswegs eine Epochenschwelle dar, es markiert keinen grundsätzlichen Einschnitt, sondern der Prozess der Moderne, der in allen großen literarischen Gattungen – dem Drama, der Erzählprosa und der Lyrik – in Skandinavien gerade erst mit großer internationaler Außenwirkung begonnen hat, geht weiter.

25

Adam Oehlenschläger

* 14. November 1779 in Frederiksberg bei Kopenhagen (Dänemark)
† 20. Januar 1850 in Kopenhagen (Dänemark)

Überragender, produktivster und vielseitigster Dichter der dänischen
Romantik, die er unter dem Einfluss Henrik Steffens' (und neben
Schack Staffeldt) begründete; als nationalromantischer ›Dichterfürst‹
auch Verfasser der Nationalhymne; dichtete auf Dänisch und Deutsch;
zunehmende Hinwendung zum Klassizismus und Orientierung an
der Weimarer Klassik.

Lieder und Romanzen / Digte 1803

Die universalromantische Sammlung, die Ende 1802 (vordatiert auf
1803) erschien, gilt trotz der schon kurz zuvor entstandenen Gedichte
Schack Staffeldts als triumphaler Beginn der dänischen Romantik. Der
junge Autor hatte bereits Proben seiner Begabung veröffentlicht, als

er 1802 den aus dem deutsch-dänischen Kiel zurückkehrenden Henrik
Steffens aufsuchte, der in Deutschland führende Vertreter der Jenaer
Romantik kennengelernt hatte und nun missionarisch die Universalromantik verkündete. In einem legendär gewordenen 16-stündigen
Gespräch vermittelte er Oehlenschläger die Erkenntnis, wie Dichtung
beschaffen sein müsse – nach Oehlenschlägers eigener Formulierung:
»Er gab mir mich selbst.« Der so ›Erweckte‹ schrieb wie im Rausch in
wenigen Stunden das Gedicht »Guldhornene« (»Die Goldhörner«),
Kernstück der Sammlung Digte 1803. Mit diesem Auftakt setzte die
dänische Romantik radikal und übergangslos ein, und Oehlenschläger,
dem Jens Baggesen schon 1800 seine ›dänische Leier‹ vermacht hatte,
war über Nacht der führende dänische Dichter.

   Vorbild der Sammlung, die schon durch ihren lapidaren Titel ein
Novum darstellte, waren die Gedichte A. W. Schlegels (1800). Das zeigt
sich schon in der Verwendung der Antiqua, die Oehlenschläger wie die
deutschen Romantiker bald wieder aufgaben, aber auch im Aufbau:
Beide Bände sind dreiteilig (erzählende Gedichte, Sonette und Ele-
gien; bei beiden erscheinen die umfangreichsten Stücke am Schluss).
Daneben inspirierte ihn die Universalpoesie von Tiecks Romantischen
Dichtungen (1799/1800) zur Verbindung epischer, lyrischer und drama-

tischer Texte, wobei das Schlussstück »Sanct Hansaften-Spil« alle drei Gattungen in sich vereinigt. Selbstbewusst maß sich der junge Autor auch mit Goethe, Schiller und Shakespeare.

Das berühmteste Gedicht, »Guldhornene«, schildert den Diebstahl der 1639 und 1734 in Gallehus (bei Tønder in Südjütland) aufgefundenen 1000-jährigen Hörner aus der Kopenhagener Kunstkammer und verbindet Bekenntnis mit Programm: Um den Menschen einen Abglanz der Zeit zu geben, als »der Himmel auf der Erde war«, überlassen ihnen die Götter die Goldhörner. Zwei ›Naturkinder‹, ein verliebtes Mädchen und ein Bauernsohn, sind auserwählt, die ›Himmelsgabe‹ zu finden. Doch die prosaisch ausgerichteten Zeitgenossen beurteilen das Geschenk nur nach seinem materiellen Wert: Statt »mit Christi Blut gefüllt« in die christianisierte Gegenwart einzugehen, enden die Hörner im Museum. Die Götter ›grollen‹ und nehmen ihre Gabe zurück.

Wehmut über die verlorene Vergangenheit kommt auch in »Hakon Jarls Död eller Christendommens Indförsel i Norge« zum Ausdruck (»Hakon Jarls Tod oder Die Einführung des Christentums in Norwegen«). Mit erstaunlicher Sicherheit trifft Oehlenschläger den Volkston der Ballade etwa in »Skattegraveren« (»Der Schatzgräber«); mit überraschender Frische und Geschmeidigkeit verherrlicht er die Natur in »Natur-Temperamenter« (»Natur-Temperamente«); aber auch deren unheimliche Tiefen erahnt er im Novalis nachempfundenen »Biergmands Liv« (»Bergmannsleben«). Ohne an Eigenwert zu verlieren, lesen sich all diese Balladen, Romanzen und Gedichte wie eine Vorbereitung zum gewaltigen Schlussakkord, dem romantisch-ironischen Panorama des »Sanct Hansaften-Spil« vom erotischen Zauber der Mittsommernacht. KLL

Henrik Steffens

* 2. Mai 1773 in Stavanger (Norwegen)
† 13. Februar 1845 in Berlin (Deutschland)

(auch: Henrich Steffens) – Studierte Theologie und Naturwissenschaften in Kopenhagen, 1796 Lektor für dänische Literatur an der
Universität Kiel, 1797 Studium in Jena bei Schelling, 1800 Aufenthalt
in Freiburg i. Br., 1802 Rückkehr nach Kopenhagen, 1804 Professor in
Halle, 1811 in Breslau, nahm 1813 auf deutscher Seite als Freiwilliger an
den Napoleonischen Befreiungskriegen teil; 1832 Professor in Berlin;
war nicht zuletzt durch persönliche Bekanntschaften mit ihren Autoren ein exzellenter Kenner der deutschen Romantik und gilt als deren
wichtigster Vermittler nach Skandinavien; verfasste neben philosophischen, naturwissenschaftlichen und theologischen Schriften auch
eine einflussreiche Autobiographie sowie Novellen.

Einleitung zu philosophischen Vorlesungen / Indledning til philosophiske Forelæsninger

In der gedruckten Form von 1803 sind die Vorlesungen ein Kompen-
dium romantischen Universaldenkens, in dem die Einheit von Natur,
Geschichte, Kunst und Poesie bekräftigt wird. Sie bilden zugleich
die Summe des spekulativen und ästhetischen Systems der deutschen Frühromantik, wobei Steffens aufgrund seiner Ausbildung der
Naturphilosophie ein besonderes Gewicht verleiht, der empirischen
Naturwissenschaft hingegen, trotz seiner praktischen Erfahrungen,
keine Bedeutung beimisst. Er zitiert und paraphrasiert dabei nicht nur
eigene Werke, insbesondere seine *Beyträge zur innern Naturgeschichte der
Erde* (1801), sondern auch romantische Poesie und Theorie von Novalis
bis Schelling.

»Natur als wirkender Geist« könnte denn auch als Schelling'sches
Motto über den klar gegliederten neun Vorlesungen stehen, und mit
dem »Zauberstab der Analogie« (Novalis) wird der universalromantische Zusammenhang von Individualität und Totalität mit dem
Ziel einer »unendlichen Harmonie« gestiftet. Natur (erkennbar in
Naturwissenschaft und Naturphilosophie), Geschichte und Poesie
sind die Komponenten einer universalen Einheit, wobei Natur und

Geschichte mystische Chiffren sind, die sich nur in der Poesie dem Menschen gänzlich mitteilen.

Ganz im Geist der spekulativen Naturphilosophie erblickt Steffens im vermeintlichen Chaos der Natur den Drang zur Einheitlichkeit und den »ordnenden Geist«, der sich im Stufenkosmos vom Mineral über Pflanze und Tier bis zum Menschen zu erkennen gibt und seinen Ausdruck im Organismusgedanken findet. Dieses Entwicklungskonzept erlaubt auch das analoge Modell einer Geschichtsphilosophie mit der sinnstiftenden Einheit von Religion und Geschichte. Der »ordnende Geist«, der als Ausdruck eines naturreligiösen Pantheismus die sichtbare Welt durchdringt, ist in Anlehnung an Schellings »Weltgeist« auf diese Weise auch in der Menschheitsgeschichte wirksam. Zur Einheit von Religion und Geschichte trat schließlich in der Vorzeit noch die Poesie als Garant einer »harmonischen Existenz« hinzu.

In diesem Harmoniedenken kann man eine Synthese universalromantischer Vorstellungen mit älteren klassizistischen Konzepten (etwa Winckelmanns) erblicken. Eine solche Einheit wiederzugewinnen ist Ziel der »neuen Schule«; es kulminiert im Traum von einem neuen Goldenen Zeitalter, in dem das Unendliche als Teil des Ewigen in der letzten Vorlesung in romantischer Vagheit zerfließt.

Die philosophischen Vorlesungen lassen in ihrer unvollständigen gedruckten Form – der Rest gilt als verschollen – kaum erkennen, welchen Eindruck und welche Wirkung Steffens mit der Verkündigung des »neuen Evangeliums« in Kopenhagen erzielte. Die dänischen Behörden hielten ihn für gefährlich und verweigerten ihm einen Lehrstuhl. Kurz danach erhielt er einen Ruf an die Universität Halle. Unter seinen begeisterten Zuhörern befand sich die Elite der jungen Generation dänischer Dichter und Gelehrter, die die nächsten Jahrzehnte dänischer Poesie und Gelehrsamkeit bestimmen sollten: u. a. die Dichter Oehlenschläger und Ingemann, der Mythopoet und Volkserzieher Grundtvig sowie die Brüderpaare Ørsted und Mynster, die später führende Positionen in Staat, Universität und Kirche einnehmen sollten.

Steffens prägte mit seinen Vorlesungen nicht nur eine ganze Generation führender Köpfe, sondern leitete auch einen literarischen, ästhetischen und philosophischen Paradigmenwechsel ein, der später als Anfang eines goldenen Zeitalters dänischer Poesie (›Guldalderen‹) verstanden wurde. FRITZ PAUL

Erik Gustaf Geijer

* 12. Januar 1783 in Ransäter (Schweden)
† 23. April 1847 in Stockholm (Schweden)

1799–1806 Studium in Uppsala, 1809–1810 Hauslehrer in England;
1811 Stiftungsmitglied von ›Götiska förbundet‹ (Der götische Bund)
und Herausgeber der Zeitschrift *Iduna* (1811–1824); 1817 Professor für
Geschichte in Uppsala; 1824 Mitglied der Schwedischen Akademie;
1825 Deutschlandreise; trug als Historiker, Philosoph, Autor, Politiker
und Komponist maßgeblich zur Konstruktion des Nationalgedankens in der schwedischen Romantik bei; setzte sich nach dem 1838
von ihm selbst proklamierten Abfall vom konservativen Idealismus
u. a. als Herausgeber der Zeitschrift *Litteraturbladet* (1838–1839) für den
Liberalismus ein.

Das historische Werk

Das historische Werk des Autors, der ohne weiteres als der einfluss-
reichste schwedische Historiker des frühen 19. Jh.s bezeichnet werden
kann, wird traditionell in drei Phasen eingeteilt, die mit wechselnden
geschichtsphilosophischen Konzepten einhergehen.

Schon als Student gewann der erst 20-jährige Geijer mit dem Auf-
satz »Äreminne öfver Sten Sture den äldre«, 1803 (Ehrengedächtnis
über Sten Sture den Älteren), den großen Preis der Schwedischen
Akademie. Nach einem längeren Aufenthalt in England machte er
sich um 1810 mit mehreren theoretische Arbeiten – u. a. »Om falsk och
sann upplysning med afseende på religionen«, 1811 (Über falsche und
wahre Aufklärung im Hinblick auf die Religion), und »Om historien
och dess förhållande till religion, saga och mythologi«, 1811 (Über die
Geschichte und ihr Verhältnis zu Religion, Sage und Mythologie) – als
Wegbereiter der spekulativ ausgerichteten Historienphilosophie des
deutschen Idealismus einen Namen. Auch seine zweite preisgekrönte
Akademieschrift »Hvilka fördelar kunna vid människors moraliska
uppfostran dragas av deras inbillningsgåva?«, 1813 (Welche Vorteile
können bei der moralischen Erziehung der Menschen aus ihrer Einbildungskraft gewonnen werden?), in der er der Phantasie die wichtige
Rolle als Vermittler zwischen den Vermögen von Sinnlichkeit, Ver-

stand und Vernunft zuzuschreiben versuchte, beruht auf der zentralen Idee eines sich historischen entwickelnden ›Nationalgeistes‹.

Die Vorstellung einer an dieser Idee orientierten Bildung fand ihren praktischen Niederschlag in der Gründung von ›Götiska förbundet‹ (Der götische Bund), der sich der Wiederbelebung eines vermeintlich authentisch-nationalen nordischen Kulturerbes verpflichtet fühlte. Insbesondere mit dem Zentralorgan dieser Gruppierung, der Zeitschrift *Iduna* (1811–1824), dessen erste zwei Hefte nicht nur von Geijer herausgegeben, sondern auch ausschließlich mit seinen eigenen Beiträgen bestritten wurden, versuchte er den ›Nationalgeist‹ gleichermaßen durch literarische Texte wie durch historische Studien einer durch Mythen, Sagen und Lieder überlieferten Volkskultur wiederzuerwecken.

Auch wenn sich Geijer in der Folge von der gezielten Vermischung von Literatur und Historie und der häufig patriotisch-theatralen Rhetorik der *Iduna*-Schriften abwandte, blieb die zentrale Idee eines Nationalgeistes auch für seine bekanntesten historischen Schriften *Svea rikes häfder*, 1825 (Die Geschicke des Svea-Reiches), und *Svenska folkets historia*, 1832–1836 (*Geschichte Schwedens*, 1832–1837, S. P. Leffler), prägend. Der nüchterne Prosastil dieser Bücher dürfte dazu beigetragen haben, dass die zentralen Ideologeme von Geijers Geschichtskonstruktion – wie die Vorstellung eines an das Klima gebundenen natürlichen schwedischen Volkscharakters oder die Verbundenheit von Volk und einzelnen Monarchen – bis ins 20. Jh. Bestand hatten. Die nationale Eigenart des schwedischen Volkes wird in- und ausländischer Alterität gegenübergestellt (z. B. dem starken französischen Einfluss auf den Adel, der Kultur der Sami). Als ›Schurken‹ der Geschichte treten unterschiedliche politische Aktanten einer abstrakte Gesellschaftsprinzipien verkörpernden Klasse auf (wie Vertreter der katholischen Kirche oder der aufbegehrende Adel), die die organische Gemeinschaft der zu einem politischen Körper verbundenen Größen von Volk und König gefährden. Geschichtsphilosophisch war diese konservative Historienschau von den spekulativen Ideen des deutschen Idealismus geprägt.

Allerdings setzte sich Geijer schon in dieser Zeit intensiv mit Hegels Geschichtsphilosophie und der Vorstellung einer Teleologie der historischen Entwicklung auseinander. Die damit verknüpfte Frage nach der Thematik des gesellschaftlichen Fortschritts führte schließlich zu einem Bruch in seinem historischen Werk. Seine von 1841 bis 1842 gehaltene Vorlesungsreihe »Människans historia« (Die Geschichte des Menschen) und die Schrift *Om vår tids inre samhällsförhållanden*, 1845 (Über die inneren Gesellschaftsverhältnisse unserer Zeit), sind allein der fortschreitenden liberalen Emanzipation des Menschen gewidmet. Mit diesen Texten erlangte Geijer den Ruf als Vorläufer soziologischer Betrachtungsweisen in der schwedischen Geschichtswissenschaft. Auch wenn er sich in den entsprechenden Reflexionen über Freiheit und Notwendigkeit des Geschichtsprozesses oder über das Verhältnis von Individuum und Gesellschaft von Linkshegelianern wie Ludwig Feuerbach inspirieren ließ, orientierte er sich in seinen immer noch einem religiösen Idealismus verpflichteten Antworten eher an den Gesellschaftstheorien von Alexis de Tocqueville, die am Verantwortungsprinzip des einzelnen Individuums festhielten.

Spätestens seit der scharfen Kritik an Geijers Geschichtsschreibung, die von Vertretern der in Schweden sehr starken Tradition einer positivistischen Quellenkritik formuliert wurde, büßten seine historischen Werke in der Forschung an Relevanz ein. Im 21. Jh. wird sein Werk nur noch für wissenschaftshistorische Interpretationen beansprucht, die sich für die Entstehung des Nationalgedankens im frühen 19. Jh. oder für die Vorgeschichte soziologischer Betrachtungsweisen interessieren. KLAUS MÜLLER-WILLE

Adolf Wilhelm Schack von Staffeldt

* 28. März 1769 in Gartz/Pommern (Deutschland)
† 16. Dezember 1826 in Schleswig (Deutschland)

Aus verarmter Aristokratie, in der dänisch-deutschen Adelskultur aufgewachsen, Leutnant; Jura- und Archäologie-Studium in Göttingen;
1795–1800 Europareise; Staatsämter in Kiel, Cismar, zuletzt in Schleswig; zweisprachig (Dänisch als Hauptsprache); von 1792–1807 lyrisch
produktiv; zunehmende Depressionen auch aufgrund der öffentlichen Bevorzugung von Oehlenschläger; zusammen mit diesem
wichtigster Vertreter der dänischen Romantik.

Das lyrische Werk

Staffeldt gilt als »der erste Romantiker in Dänemark« und zugleich
als »der verzweifelte Romantiker« (F. J. Billeskov Jansen). Der Grund
dieser Ambivalenz liegt nicht nur in den Themen dieser oft von Todes-
ahnungen und Jenseitssehnsucht bestimmten Verse, sondern auch in
ihrer tragischen Publikationsgeschichte. Obgleich Staffeldt als erster
Däne in seinen (zunächst in Zeitschriften erschienenen) Gedichten
die Impulse der deutschen Frühromantik umfassend aufgenommen
hatte, war der jüngere Adam Oehlenschläger ihm mit der Veröffentlichung seiner *Digte* 1803 (Gedichte 1803) den entscheidenden Schritt
zuvorgekommen. Der Sensationserfolg, den diese publikumswirksa-
men Texte auslösten, blieb Staffeldt, dessen früher geschriebene *Digte*
1804 erst im folgenden Jahr erschienen, lebenslang vorenthalten. Erst
die frühe Moderne (Georg Brandes) erkannte in ihm einen Vorläufer.

Keine andere dänische Dichtung setzte so konsequent und
eigenständig das frühromantische Programm um wie dieses lyrische
Werk, das in dem 1808 erschienenen Band *Nye Digte* (Neue Gedichte)
kulminierte. Die Durchdringung und metaphysische Erhöhung von
Natur-, Liebes- und religiöser Poesie, die Staffeldt wohl vor allem bei
Novalis kennengelernt hatte, die Verschmelzung von Anthropologie
und Theologie, spekulativer Naturphilosophie und Geschichtsdenken
(mitsamt der Verklärung von Ursprungs- und Kindheitsvorstellun-

gen), die Idee einer leidenden All- oder Urnatur, die nur durch den
Zauberstab der Poesie getröstet, wenn nicht erlöst werden kann, und
die Sehnsucht nach einem immer nur umschriebenen und erahnten
Absoluten: Diese frühromantischen Denkfiguren finden in Staffeldts
oft allegorisierend konzipierten, zuweilen arabesken Bildverschlin-
gungen folgenden Gedichten (programmatisch in »Forvandlingerne«;
Die Verwandlungen) einen formvollendeten, im Vergleich zu Oehlenschläger spröder wirkenden Ausdruck. Freie Verse stehen neben
metrisch regulierten und gereimten Gedichten in eigenen Strophenformen, aber auch in Volksliedstrophen, Sonetten und elegischen
Distichen. Immer wieder geht in diesen Versen die Anrufung des All-
Einen (»Det Eene«) in Todessehnsucht über, wird in einer Verschrän-
kung von neuplatonischer Metaphorik und nordischer Mythologie
die Wiedervereinigung der einsamen Seele mit »Alfader« (Allvater)
ersehnt (»Aanden og Sjælen«; Der Geist und die Seele), erscheinen
Naturbilder (»Aftenrøden«; Die Abendröte; »Hymne til Vandet«;
Hymne an das Wasser; »Blomsterne«; Die Blumen) oder erotische
Situationen (so in den Sonetten an ›Lina‹) Verschmelzungs- und
Erlösungsphantasien entworfen. Eine Anrufung des Frühlings (»Til
Vaaren«; An den Frühling) geht in die Aufforderung über, den Sprecher
zu töten. Die Geliebte erscheint auf dem vom Sonnenuntergang ge-
röteten »Blütenteppich« der Natur »schön wie der blutende Versöhner
der Welt« (»skjøn som Verdens blødende Forsoner«).

Trotz der Bewunderung, die Dichter wie H. C. Andersen dieser
»Elfenstimme« (»Alfernes Stemme«) entgegenbrachten, entdeckte
erst die frühe Moderne (vor allem Georg Brandes) die Eigenständig-
keit Staffeldts wieder. Noch in modernistischen Gedichten wie
Sophus Claussens »Atomernes Oprør« ist das Echo von Staffeldts
Langgedicht »Til Naturkraften« (An die Naturkraft) hörbar, das in der
»Werkstatt« der Natur »Drifternes Oprør« (den Aufruhr der Triebe)
zur Ruhe kommen und »die Atome« in Bewegung sah.

Nicht zuletzt sind Staffeldts Gedichte ein eindrucksvolles Beispiel
für jene Fruchtbarkeit der dänisch-deutschen Literaturbeziehungen
um 1800, die mit dem Aufkommen des Nationalismus auf beiden
Seiten verdrängt wurden. Hatte Oehlenschläger seine ersten romantischen Gedichte unter dem Eindruck der von Henrik Steffens aus

dessen Kieler Lehrzeit importierten frühromantischen Philosophie geschrieben, so entstanden Staffeldts reifste Dichtungen in seiner Zeit als Hofmeister am Schloss in Kiel, wo sie auch gedruckt und dem seinerzeit dort residierenden dänischen Kronprinzen gewidmet wurden. Neben den dänischen stehen auch einige deutschsprachige Gedichte, die noch einmal den ganzen Ausdrucksreichtum dieser binationalen und bilingualen Kultur hörbar machen – so das »Wiegenlied für die Königin von Dänemark«, in dem das von Staffeldt bevorzugte Rosen- mit dem Kindheitsmotiv verbunden ist: »Schlafe mein Kind! / Des Frühlings Rose / Hat er [der Engel der Liebe] dir ins Händchen gedrückt: / Liebliches Kind! / O selber Rose, / Im Himmel der Liebe gepflückt!« HEINRICH DETERING

Bernhard Severin Ingemann

* 28. Mai 1789 in Torkildstrup auf Falster (Dänemark)
† 24. Februar 1862 in Sorø (Dänemark)

1806 Jurastudium in Kopenhagen; 1811 literarisches Debüt; 1818–1819 Italienreise; 1822 Lektor für Dänisch an der Akademie Sorø; Schlüsselfigur der dänischen Romantik, deren umfangreiches Werk in vielerlei Hinsicht an dasjenige Tiecks erinnert; verfasste Märchen und phantastische Erzählungen, Verserzählungen, historische Romane und Psalmen; wichtiges Vorbild für H. C. Andersen.

Das lyrische Werk

Auch wenn Ingemanns umfangreiche lyrische Produktion viele Facetten und Stile umfasst, wurde er in erster Linie als Autor volkstümlicher Verserzählungen und Psalmen bekannt.

Seine frühen Gedichtsammlungen *Digte* (1811) und *Procne* (1813) leben von der Spannung zwischen biedermeierlicher Idylle und einer durchtriebenen Schauerromantik. Letztere findet ihren Ausdruck vor allem in einer Vielzahl von Romanzen, die mit mitternächtlichen Friedhofsszenarien um die Topoi von Tod, Liebe und Glaube kreisen. Auch die lyrische ›Wertheriade‹ »Varners poetiske Vandringer« (Varners poetische Wanderungen), die im Zentrum von *Procne* steht, greift diesen Themenkomplex auf. Im Gegensatz zu Werthers Leiden werden diejenigen Varners nicht durch einen Nebenbuhler ausgelöst, sondern durch seine lyrische Strategie selbst. Die gesamte Handlung ist durch seinen Versuch geprägt, sexuelles Begehren in literarischen und religiösen Empfindungen zu sublimieren. Der Tod der Liebenden wird folgerichtig als glückliches Ende inszeniert, da er erst die von ihnen angestrebte platonische Vereinigung ermöglicht. Wichtiger als dieser lose Handlungsfaden sind die naturlyrischen Schilderungen, mit denen Varner seinen religiös gefärbten Liebesempfindungen Ausdruck gibt.

Schon die Stanzen und Oktaven deuten an, dass die Verserzählung *De sorte Riddere*, 1814 (Die schwarzen Ritter), ganz anderen Vorbildern folgt. In Anlehnung an Ariost wird ein geheimnisvolles Mittelalter geschildert, in dem ritterliche Helden gegen satanische Gegner kämpfen. Den vielfältigen intertextuellen Hinweisen auf die Ritter der Tafelrunde entsprechen formal die durchgängigen allegorischen Züge. Die Figuren verkörpern nicht nur Abstrakta wie Gut und Böse, Körper und Geist, Einbildungskraft und Glaube, sondern auch Form und Stoff, Nordische Vorzeit, Orient und Okzident, Wasser, Feuer, Erde und Luft. Diese Absage an das Symbolkonzept der deutschen Klassik schlägt sich auch in der narrativen Struktur nieder, die nicht einen geschlossenen Handlungsbogen beschreibt, sondern als Arabeske organisiert ist: als ein chaotisch anmutender Bilderreigen von Einzelszenen, die sich in eigensinnigen Allegorien verlieren.

Waldemar den store og hans Mænd, 1824 (Waldemar der Große und seine Männer), und Dronning Margrete, 1836 (Königin Margrete), die eine Serie historischer Romanen einrahmen, folgen traditionelleren Formen der historisierenden Verserzählung. Mit dem Liederkranz Holger Danske (1837) versuchte Ingemann schließlich, eine Art Nationalepos zu schreiben. Auch wenn der nationale Charakter durch den Hinweis auf dänische Volkstradition und Nationalstereotypien gerechtfertigt werden soll, fällt eher seine Hybridität ins Auge. Das Epos verliert sich über weite Strecken in einer Hommage an den zeitgenössischen Orientalismus.

Ingemanns Fasziniertsein durch das ›Andere‹ artikuliert sich auch in dem Verszyklus Blade af Jerusalems Skomagers Lommebog, 1833 (Blätter aus dem Taschenbuch des Schuhmachers aus Jerusalem; später auch publiziert als Ahasverus). Ahasverus erscheint einerseits als Personifikation des in der Diaspora verstreuten jüdischen Volkes, andererseits gibt seine ›Loseblattsammlung‹ einer fundamentalen geistigen Heimatlosigkeit Ausdruck.

Daneben verfasste Ingemann lebenslang christlich-religiöse Stimmungsdichtungen, deren naiv-religiöse Empfindsamkeit und sanfte Naturmetaphern an Varners Werke erinnern. Høimesse-Psalmer, 1825 (Gottesdienst-Lieder), Morgensange for Børn, 1837 (Morgenlieder für Kinder), und Syv Aftensange, 1838 (Sieben Abendlieder), gelten als Schlüsselwerke des dänischen Biedermeier und sind in Dänemark noch im 21. Jh. dank der kongenialen Vertonung durch C. E. F. Weyse bekannt.

Auch die Tankebreve fra en Afdød, 1855 (Gedankenbriefe eines Verstorbenen), wiederum ein lyrischer Briefroman, sind als religiöses Erbauungswerk konzipiert. Der Erzähler berichtet einem Freund von Erlebnissen nach dem Tod. Nach der Verwunderung über den körperlosen Zustand lernt er zu begreifen, dass er sich erst seines Ichs entledigen und abermals sterben muss, bevor es sich schließlich im Himmel im Gebet mit seiner Geliebten vereinigt. Das Buch ist nicht nur aufgrund der biedermeierlichen Jenseitskonzeption lesenswert, sondern auch aufgrund der technischen Metaphern. So wird die Kommunikation der Seele immer wieder mit einer Telegraphenverbindung verglichen. Dieses Interesse für Technik und Naturwissenschaften, das in einem Spannungsverhältnis zum biedermeierlichen Weltbild steht, ist symptomatisch für Ingemanns späte Dichtung – das zeigt u.a. die Gedichtsammlung *Skyhimlen*, 1840 (Wolkenhimmel), in der er sich wie Goethe mit Luke Howards Wolkenlehre auseinandersetzt. KLAUS MÜLLER-WILLE

Erik Johan Stagnelius

* 4. Oktober 1793 in Gärdslösa/Öland (Schweden)
† 3. April 1823 in Stockholm (Schweden)

Sohn eines Bischofs; wuchs auf Öland auf; ab 1811 Theologiestudium in Lund, ab 1812 in Uppsala, 1814 theologisches Staatsexamen; ab 1815 Beamter, zunächst in Uppsala, später in Stockholm; lebte offensichtlich recht isoliert, litt schon früh an einer Herzkrankheit, die er durch Alkohol- und Opiummissbrauch zu betäuben versuchte, galt zu Lebzeiten als äußerlich hässlich und verkommen, wird heute als einer der bedeutendsten skandinavischen Romantiker anerkannt.

Das lyrische Werk

Während die Dramen des Autors lange Zeit von Kritik und Forschung eher abschätzig beurteilt und erst in letzter Zeit angemessen gewürdigt wurden, war die Bedeutung seines zwischen 1812 und 1823 entstandenen lyrischen Werks von Beginn an unbestritten. Wie seine gesamte Produktion, so ist auch seine Lyrik stark vom Vorbild der französischen Klassik und deren Auseinandersetzung mit antiken Literaturformen geprägt. Viele seiner frühen Gedichte haben einen ausgeprägt erotischen Inhalt und erinnern an die Schäferdichtung des Rokoko, während andere von tiefer Melancholie gekennzeichnet sind. Ab der Mitte der 1810er Jahre werden dann theosophische Einflüsse erkennbar. Viele der um diese Zeit verfassten Texte bringen Tendenzen der Askese und Weltflucht zum Ausdruck, so etwa das um 1818 herum entstandene Gedicht »Den döendes brudsång« (Brautlied der Sterbenden), das in Pervertierung einer christlichen Tradition den Tod als Bräutigam feiert, dessen Umarmung Frieden vom Gang der Welt gewährt. Ist dieser Frieden hier durchaus ambivalent gezeichnet, da der Gang der Welt eben auch erotische Freuden bereithält, so wird in dem ungefähr gleichzeitig entstandenen Hochzeitslied »Till förruttnelsen« (An die Verwesung), einem der bekanntesten Gedichte der skandinavischen Romantik überhaupt, die Vernichtung des eigenen Körpers, seine ›Erdwerdung‹ als einzig mögliche Erfüllung eines Liebesideals vollkommener Verschmelzung gedeutet. In Absetzung von einer barocken Tradition lässt das »von Gott verstoßene« Ich dabei jede Hoffnung auf ein tröstendes Jenseits fahren und vollzieht stattdessen in einer für die Romantik charakteristischen und auf die Moderne vorausdeutenden Geste die radikale Umwertung eines Übels zum Guten. Gedichte wie diese zeichnen das Bild einer ›entgötterten‹ Welt, in der dem Ich die Hoffnung auf eine säkulare Auferstehung durch die Liebe nicht mehr bleibt, wie die Elegie »Resa, Amanda, jag skall« (Reisen, Amanda, muss ich) deutlich macht.

Während schon eine weitere Elegie, »Vän! I förödelsens stund« (Freund! In der Stunde der Vernichtung), die Kraft des göttlichen wie poetischen ›Werde!‹ als Ausweg aus dieser Situation preist, erreichen Stagnelius' religiöse Spekulationen erst in seinem Hauptwerk, der aus drei Heften bestehenden, neben Gedichten auch das Drama *Martyrerna* enthaltenden Sammlung *Liljor i Saron*, 1821 (*Die Lilien in Saron*, 1851, K. L. Kannegießer), ihren Höhepunkt.

Dieser hochromantische Text, der verschiedenste Einflüsse des Alten und Neuen Testaments, aber auch der zeitgenössischen romantischen Literatur, des Neuplatonismus, der Gnosis, der Mystik Böhmes und schließlich Swedenborgs aufgreift und in synkretistischer Weise verarbeitet, entfaltet im Grunde eine romantische Theorie der Erbsünde: Die menschliche Seele hat ihre Heimat, das Reich des reinen Geistes mit Christus als Mittelpunkt, verlassen und sich in die materielle Welt herab begeben, deren sinnliche Verlockungen sie aber nicht wahrhaft befriedigen können – auch in *Liljor i Saron* erscheint die Welt wiederum wüst und leer. In seltenen Augenblicken gelingt es ihr jedoch, die Betäubungen ihrer jetzigen Existenz zu durchdringen und sich an ihr voriges Dasein zu erinnern. Sie sehnt sich zurück in ihre Heimat und erkennt in der Welt um sich herum deren Spuren: in der Natur, im Traum, im Zwiegespräch mit Gott und vor allem in der Poesie. Der Dichter nämlich ist imstande, hinter allen Phänomenen das gleiche Urprinzip zu entdecken: die Liebe, die als erster ›Beweger‹ das Wechselspiel der Dinge in Gang hält und die in der erotischen Liebe des Ich zu seiner Geliebten Amanda kulminiert, mit der er früher einmal als ein Wesen vereint war. Wie in Stagnelius' früheren Gedichten jedoch kann diese in der Realität nicht gelingen, weshalb – wiederum typisch für frühromantisches Gedankengut – allein der Tod als Bewahrer des Ideals und Ort einer idealen Wiederverschmelzung

erscheint. Konsequent endet denn auch der lyrische Teil der Sammlung mit dem Gedicht »Samtal« (Gespräch), in dem das Mädchen dem
irdischen Werben seines Geliebten widersteht und sich stattdessen zu
seiner Sehnsucht nach dem himmlischen Azur bekennt.

Bemerkenswerterweise finden sich in den Gedichten, die Stagne-
lius nach seinem Hauptwerk verfasste, neben einigen, die dessen welt-
feindliche Lehre variieren und weiterführen, wie »Suckarnes mystèr«
(Das Mysterium der Seufzer), »Se blomman! På smaragdegrunden«
(Sieh die Blume! Auf dem Smaragdgrund) oder »Skaldekonsten«
(Die Dichtkunst), auch solche, die zur Sinnenfreude der frühen Lyrik
zurückkehren und als ausgelassene Pastiches auf Bellmans *Fredman*-
Lieder anzusehen sind.

Stagnelius' vielfältiges, unterschiedliche Formsprachen virtuos
beherrschendes lyrisches Werk zählt zu den bedeutendsten der skandinavischen Romantik. Die synkretistisch-mystischen Spekulationen,
die es enthält und die vor allem bisher Gegenstand der Forschung
waren, zeigen, dass sein Verfasser zwar stark von den Gedanken der
deutschen Frühromantik beeinflusst war, diese jedoch zugleich in
eigenständiger Weise variierte und dichterisch umsetzte. Bereits seit
Mitte des 19. Jh.s gehört er daher unbestritten zu den lyrischen Klassikern der schwedischen Literatur. LUTZ RÜHLING

Steen Steensen Blicher

* 11. Oktober 1782 in Vium (Dänemark)
† 26. März 1848 in Spentrup (Dänemark)

Theologiestudium; Engagement in der Volksaufklärung sowie als
Heimat- und Dialektforscher; 1801–1811 Lehrer in Randers; 1811–1819
Pächter auf dem Pfarrgut des Vaters; 1819 Übernahme der Pfarrstelle
von Torning und Lysgaard; 1827 Pfarrer in Spentrup; Novellist, Lyriker
und Übersetzer; Einfluss auf J. P. Jacobsen und H. Bang.

Das novellistische Werk

Für die Entwicklung der dänischen Prosatradition in der ersten Hälfte
des 19. Jh.s bildet Blichers Werk, das durch die spannungsreiche Verbindung aufklärerischer, romantischer und realistischer Elemente
gekennzeichnet ist, eine entscheidende Gelenkstelle. Mit der im
lokalen Dialekt verfassten Erzählungs- und Gedichtsammlung
E *Bindstouw*, 1842 (Die Strickstube), schuf er eine Art ›jütländisches
Decamerone‹, doch weisen seine avancierten Darstellungstechniken
und die im erzählerischen Gesamtwerk berührten Problemaspekte
weit über die ihm lange Zeit zugewiesene Rolle des Heimatdichters
hinaus. Die melancholische Einfärbung seiner Landschaftsschilderun-
gen verrät die Handschrift des *Ossian*-Übersetzers. Überhaupt bildete
die angelsächsische Literatur des 18. Jh.s, um deren Rezeption in Dänemark sich Blicher große Verdienste erwarb, eine der Hauptquellen für
seine Novellendichtung.

Entstanden unter dem Druck eines ökonomisch bedingten Pro-
duktionszwangs, erschienen Blichers erste Prosaarbeiten in der popu-
lären Zeitschrift *Læsefrugter* (Lesefrüchte). Publikationsformen, die
seinem literarischen Potenzial eher entsprachen, ließen sich später
mit der im Selbstverlag erscheinenden Monatsschrift *Nordlyset* (Nord-
licht) sowie mit der Herausgabe verschiedener Novellensammlungen
realisieren. Etliche seiner Novellen wurden in mehrere europäische
Sprachen übersetzt, die bekanntesten avancierten zur dänischen
Schullektüre und wurden als Theaterstücke inszeniert oder verfilmt.

Wesentliche Charakteristika von Blichers Erzählkunst lassen
sich bereits in seinem novellistischen Debütwerk *Brudstykker af en*

Landsbydegns Dagbog, 1824 (*Bruchstücke aus dem Tagebuch eines Dorfküsters*, 1993, W. Boehlich), erkennen. Das erzählte Geschehen, das um die unerfüllte Liebe des Küstersohns Morten Vinge zu der Gutsherrentochter Sophie kreist, wird dem Leser in der gebrochenen Perspektive eines beteiligten Ich-Erzählers vermittelt. Ein weiteres Mittel der literarischen Brechung liegt in dem Verfahren der Fragmentarisierung und der szenischen Verdichtung. Die ›Bruchstücke‹ der fiktiven Tagebuchaufzeichnungen des Protagonisten ermöglichen die literarische Abbildung zweier völlig unterschiedlicher Lebensläufe auf engstem Raum. Erzählt wird auf diese Weise zum einen die Geschichte eines gescheiterten sozialen Aufstiegs: Morten Vinge kehrt an den Ausgangspunkt seiner ehrgeizigen Jugendträume zurück und beschließt sein Leben als Küster. Parallel zu dieser Kreisbewegung vollzieht sich der soziale Abstieg der Gutsherrentochter Sophie: Dem Wunsch nach Selbstverwirklichung folgend, setzt sie sich über die Normen ihres Standes hinweg, geht eine sexuelle Beziehung zu dem Jäger Jens ein und endet schließlich zusammen mit diesem in Armut und Erniedrigung. Der kurze Augenblick der Erfüllung, in dem sich die Lebenslinien der beiden Protagonisten überschneiden, ist die Folge einer Verwechslung, einer Illusion. Als Morten dies erkennt, entscheidet er sich für den von seinen inneren Zensoren (Moral und Religion) vorgegebenen Weg der Entsagung. Sophie gelingt es zwar, ihr Selbstsein gegenüber den Konventionen ihrer Umwelt zu behaupten, doch muss sie dafür einen hohen Preis zahlen.

Weibliche Hauptfiguren in einem oppositionellen Verhältnis zur der sie umgebenden Sozietät finden sich auch in einigen anderen, meist besonders gelungenen und innovativen Erzählungen. In *Sildig Opvaagnen*, 1828 (»Spätes Erwachen«, 2006, I. u. W. Methlagl), wird die konsequente Haltung der Arztfrau Elise, die einer heimlichen Liebesbeziehung überführt wurde, dem apodiktischen Urteil eines auf unklare Weise in das Geschehen involvierten Ich-Erzählers gegenübergestellt, wobei dessen moralischer Anspruch in eigentümlicher Weise mit seiner zweideutigen Stellung innerhalb der von ihm geschilderten Vorgänge kontrastiert. Die Protagonistin bildet sich eine persönliche Moral nach ihren individuellen Wünschen – der fiktive Erzähler verbirgt seine individuellen Wünsche hinter einer öffentlich sanktionierten Moral. Die Erzählung als solche enthält sich des Urteils. Sie beschränkt sich auf eine Darstellung psychologischer Realität, die bereits auf der Ebene des fiktiven Erzählers zum Gegenstand der Beobachtung wird.

Eine Tragödie, die noch tiefer in die Unwägbarkeiten und Abgründe der menschlichen Psyche hineinführt, ist die Novelle *Hosekræmmeren*, 1829 (»Der Strumpfkrämer«, 2006, I. u. W. Methlagl). Materialistisches Sicherheitsdenken und der schöpferische Irrationalismus einer bedingungslosen Liebe prallen hier mit einer Unversöhnlichkeit aufeinander, die zwangsläufig in die Katastrophe führt. Cecilia wehrt sich erfolgreich dagegen, dass ihr Vater ihr einen ungeliebten Bewerber aufzwingen will, doch dieser Erfolg geht einher mit dem Abgleiten in einen wahnhaften Zustand. Die visionäre Wunschprojektion einer »Hochzeit im Paradies« mit dem von ihr geliebten Esben, ausgeführt in Bildern, die auf die Eros-und-Thanatos-Ästhetik Baudelaires und des Fin de Siècle vorausdeuten, veranlasst sie schließlich dazu, Esben zu töten. Ein Wechsel der Erzählperspektive, die Lückenhaftigkeit der Darstellung sowie die undurchschaubare Rolle des Rahmenerzählers garantieren die Interpretationsoffenheit des Textes.

Dass es sich bei der subjektzentrierten und bewusst vieldeutigen Perspektive des Erzählens nicht nur um eine zukunftsweisende Darstellungstechnik, sondern auch ein weltanschauliches, das eigentliche Organisationszentrum der Blicher'schen Erzählkunst ausmachendes Konzept handelt, zeigt sich deutlich in der historisierenden ›Kriminalgeschichte‹ *Præsten i Vejlbye*, 1829 (»Der Pfarrer von Vejlby«, 2006, I. u. W. Methlagl). Das Handlungsgerüst der Novelle orientiert sich an der Überlieferung eines der bekanntesten Justizirrtümer der dänischen Rechtsgeschichte: Alle Indizien weisen darauf hin, dass der Pfarrer Søren Qvist seinen Kutscher im Streit erschlagen und in seinem Garten vergraben hat. Erst nach Jahren stellt sich die Unschuld des inzwischen Hingerichteten heraus. In Blichers literarischer Version liegt der Akzent jedoch nicht auf der Aufdeckung der wahren Täterschaft und der überraschenden Aufklärung des Rätsels, im Zentrum des Interesses steht vielmehr das den Tatsachen widersprechende Schuldgeständnis des Angeklagten. Dieser ist eher bereit, sich zu einem Verbrechen zu bekennen, an das er keine Erinnerung hat, als die Infragestellung seiner Weltordnung zuzulassen. Es ist leichter für ihn, in Übereinstimmung mit den vorliegenden Zeugenaussagen seine eigene Schuld zu konstruieren, als eine Wirklichkeit der dämonischen Täuschungen und unbeantworteten Fragen zu akzeptieren.

Im Übergang vom Aufklärungsoptimismus zu einem pessimistisch eingefärbten Realismus lässt sich somit aus dieser wie aus vielen anderen Erzählungen Blichers eine doppelte Botschaft ableiten: Einerseits präsentiert sich die Wirklichkeit als irrational und scheint in einer unüberbrückbaren Differenz zu den Bedürfnissen der Menschen zu stehen; auf der anderen Seite können diese nur dadurch existieren, dass sie eine subjektive Deutung gegen das objektive Chaos aufrichten und verteidigen. Ein Sinn ist nicht mehr vorgegeben, sondern muss durch jeden einzelnen Menschen und in jedem Augenblick der Existenz neu entdeckt werden. Die Gestalt des zuverlässigen Erzählers verschwindet zusammen mit dem Konzept einer allgemeinverbindlichen Wirklichkeitsdeutung. An ihre Stelle tritt das auf die Moderne hindeutende Spiel der wechselnden Perspektiven und der individuellen Wirklichkeitskonstruktion.

ULRIKE-CHRISTINE SANDER

Per Daniel Amadeus Atterbom

* 19. Januar 1790 in Åsbo (Schweden)
† 21. Juli 1855 in Stockholm (Schweden)

Bereits mit 15 Jahren Aufnahme eines Studiums an der Universität Uppsala; begeisterter Anhänger der deutschen Frühromantik, die er in der 1807 gegründeten literarischen Gesellschaft Auroraförbundet bekanntmachte; programmatische Gedichte und literaturkritische Beiträge für die Zeitschrift *Phosphoros*, inspiriert von Schellings Naturphilosophie und später Goethes und Schillers Ästhetik.

Insel der Glückseligkeit / Lycksalighetens ö. Sagospel i fem äventyr

Bereits die ungewöhnliche Gattungsangabe im Untertitel des von 1824 bis 1827 erschienenen Werks, »Märchenspiel in fünf Abenteuern«, lässt den Versuch erkennen, die Schlegel'schen Vorgaben für ein romantisches Universalkunstwerk einzulösen. Das Buch, das gleichermaßen als Märchen, Versepos oder Drama bezeichnet werden kann, lässt sich im Prinzip allen drei großen literarischen Genres zuordnen. Der Bezug zur Poetik der deutschen Frühromantik schlägt sich auch in Atterboms Anspruch nieder, mit *Lycksalighetens ö* nichts anderes als eine Geschichte der Poesie zu schreiben und somit das romantisch-ironische Konzept einer ›Poesie der Poesie‹ zu verwirklichen. In diesem Sinne stellt das Märchenspiel nicht nur eines der wichtigsten poetischen, sondern auch eines der wichtigsten kunsttheoretischen Dokumente der schwedischen Romantik dar.

Die Handlung setzt in einer fiktiven Vorzeit in einem »Land in der Nachbarschaft des Nordpols« ein. Astolf, der König der Hyperboreer, beginnt aufgrund seiner Begegnung mit dem Sänger Florio – seinerseits eine Personifikation des Südens –, sich nach der Welt der Kunst und der Ideale zu sehnen. Tatsächlich wird ihm über seine Imaginationskraft der Zugang zur Insel der Glückseligkeit eröffnet, wo sich nur weibliche und kindliche Naturgeister aufhalten. Dort verfällt er den sinnlich-erotischen Reizen der Herrscherin Felicia und vergisst in ihrer Welt des schönen Scheins buchstäblich die Zeit. 300 Jahre vergehen so schnell wie drei Monate.

Die Erinnerung an die Zeit führt jedoch seine Trennung von Felicia herbei. Astolf werden seine ethisch-religiösen Pflichten gegenüber seinem Staat bewusst, und er ringt sich schließlich dazu durch, die Insel der Glückseligkeit zu verlassen und ins Nordland zurückzureisen. Die Schilderung seiner Heimkehr wird für eine satirische Abrechnung mit den politischen Idealen der Aufklärung genutzt. Er findet einen heruntergekommenen Staat vor, der von einem debattierfreudigen Club bürokratischer Republikaner zugrunde gerichtet wurde. Sein Versuch, die alte Monarchie und deren männlich-patriarchalisch geprägten Normen zu restituieren, scheitert genauso wie der Versuch, noch einmal zur Insel der Glückseligkeit zurückzufinden. Die mythische Vorzeit wie das mythische Reich der Phantasie sind durch den Lauf der Geschichte selbst unwiderruflich verloren gegangen.

Schon der Kern des Handlungsverlaufs, den Atterbom schwedischen Volkssagen entlehnte, die ihrerseits auf die als »voyage imaginaire allégorique« bezeichnete Episode »l'île de la félicité« aus Marie-Catherine d'Aulnoys *L'histoire d'Hippolyte* (1690) zurückgehen, macht den allegorischen Charakter des Märchenspiels deutlich. Im Stück treten nicht nur Figurationen der Himmelsrichtung, sondern auch traditionelle Personifikationen der Nacht, des Todes, der Zeit, des Schlafs, der Erotik etc. auf. Angesichts der vielen Kommentare, mit denen diese allegorischen Figuren auf die abstrakte Bedeutung der Handlung hinweisen, könnte man sogar von einer emblematischen Struktur des Textes sprechen.

Diese Struktur ist umso auffälliger, da sie im krassen Widerspruch zu der Hochschätzung für das lebendige Symbol zu stehen scheint, die Atterbom in seinen ästhetischen Schriften aus der gleichen Zeit vertritt. Die Allegorien des Märchenspiels sollen als Verfallsformen der Poesie einerseits auf eine ideale Welt hinweisen und andererseits deutlich machen, dass die moderne Kunst dieses Ideal selbst nicht mehr symbolisch verkörpern kann.   KLAUS MÜLLER-WILLE

Esaias Tegnér

* 13. November 1782 in Kyrkerud (Schweden)
† 2. November 1846 in Östrabo bei Växjö (Schweden)

1803 Dozent für Ästhetik; 1812 Professor für Griechisch in Lund und Pfarrer, 1818 Mitglied der Schwedischen Akademie, 1824 Bischof in Växjö, 1840 zur Behandlung einer psychiatrischen Erkrankung in deutschen Heilanstalten; zeitweise Mitglied des nationalromantischen Götischen Bundes; im 19. Jh. als schwedischer Nationaldichter verehrt; erster schwedischer Autor, der internationale Bekanntheit errang; krönte 1829 in Lund den damaligen dänischen Nationaldichter Adam Oehlenschläger zum nordischen Dichterkönig; gilt als bedeutender Vertreter der schwedischen Romantik.

Die Frithiofs-Sage / Frithiofs saga

50 Das 1825 erschienene Versepos hat den Stoff der altisländischen Vorzeitsaga *Friþjófs saga ins frœkna* (Die Saga von Frithiof dem Kühnen) zum Inhalt. Tegnér entsprach damit der Forderung der nationalromantischen Bewegung nach verherrlichender Darstellung der nationalen Vergangenheit, wobei er inhaltlich wie formal von Oehlenschlägers *Helge*-Zyklus angeregt wurde.

Schon als kleine Kinder werden Ingeborg und Frithiof von ihren Vätern, dem König Bele und dessen treuem Vasall Torsten Vikingson, zum Bauern Hilding gebracht, auf dessen Hof sie miteinander aufwachsen. Ihre Jugendfreundschaft entwickelt sich zur leidenschaftlichen Liebe. Nach dem Tod des Vaters tritt Frithiof sein Erbe an und wirbt um Ingeborg. Aber König Bele ist inzwischen gestorben, und seine Söhne Helge und Halvdan denken nicht daran, ihre Schwester einem Bauern zur Frau zu geben. Der alte Ring, König des Nachbarreichs, wirbt ebenfalls vergeblich um Ingeborg. Nachdem er jedoch einen Krieg gegen Halvdan und Helge gewonnen hat, sind sie gezwungen, ihre Schwester, die sie dem Schutz des Gottes Balder anvertraut hatten, mit ihm zu verheiraten.

Als Frithiof von einer Reise zurückkehrt, die ihn von Ingeborg fernhalten sollte, findet er seinen Hof verbrannt vor. In seinem Zorn über die Ereignisse verursacht er aus Unachtsamkeit einen Brand, der

Balders Tempel vernichtet. Er muss fliehen und durchzieht als kühner und siegreicher Wikinger die Meere, fern von der klagenden Ingeborg, die ihm in unwandelbarer Liebe verbunden bleibt. Schließlich kehrt er von Sehnsucht getrieben zurück, und nachdem er die Vertrauensprobe bestanden hat, die ihm der weise König Ring gestellt hat, nimmt ihn jener an Sohnes statt auf. Nach Rings Tod soll Frithiof das Königreich erben und Ingeborg zur Frau bekommen. Um Balder zu versöhnen, der als milder, jesusähnlicher Gott gezeichnet wird, baut Frithiof seinen Tempel wieder auf. Diese äußerliche Geste jedoch genügt nicht, wie ihn Balders Oberpriester im abschließenden Gesang des Epos lehrt. Erschüttert über die Nachricht von Helges Tod überwindet Frithiof den Hass gegen seine Feinde und vollzieht so die wahre Sühne und endgültige Versöhnung, die ihn schließlich auch endgültig mit Ingeborg vereint.

Das Werk hatte einen ungeheuren Erfolg und festigte Tegnérs Ruf als schwedischer Nationaldichter. Es wurde in zahlreiche europäische Sprachen übersetzt. Allein in Deutschland entstanden im 19. Jh. mehr als 20 verschiedene Übersetzungen, zum Teil in sehr hoher Auflagenzahl. Neben der Modernisierung des Stoffes, die den Akzent sentimentalisierend auf den Charakter der Personen verlagert und mit typisch romantischem Synkretismus einer Synthese von Christentum und heidnischer Vorzeit das Wort redet, war es auch Tegnérs scheinbar mühelose, virtuos-musikalische Sprachbeherrschung, die zur Popularität beitrug. Während der Autor später selbst sein Werk kritisch als »neu gebaute Ruinen« bezeichnete und die Vermittlung von Altem und Neuem als nicht geglückt betrachtete, bemerkte Goethe lobend, »daß die alte, kräftige, gigantischbarbarische Dichtart […] uns auf eine neue, sinnig-zarte Weise […] höchst angenehm entgegenkommt«. Inzwischen gilt die *Frithiofs saga* als Hauptwerk der schwedischen Nationalromantik. KLL

ESAIAS TEGNÉR

Thomasine Gyllembourg

* 9. November 1773 in Kopenhagen (Dänemark)
† 1. Juli 1856 in Kopenhagen (Dänemark)

(d.i. Thomasine Christine Gyllembourg Ehrensvärd; Pseudo. Jota) –
Bürgertochter mit sehr guter Ausbildung; heiratete mit 16 Jahren ihren
Privatlehrer, den Schriftsteller P. A. Heiberg; 1801 Scheidung, um den
schwedischen Kulturhistoriker Gyllembourg-Ehrensvärd heiraten zu
können; lebte nach dessen frühen Tod bei ihrem Sohn, dem Redakteur
und Autor J. L. Heiberg; 1827 literarisches Debüt; Vorreiterin des poetischen Realismus in Dänemark.

Alltagsgeschichten

Die Alltagsgeschichten (»Hverdags-Historier«) erschienen ab 1827
anonym in Johan Ludvig Heibergs Zeitschrift *Københavns Flyvende Post*.

Auf Drängen ihres Sohnes hatte die Autorin die Einwilligung in die
Veröffentlichung der Erzählung »Familie Polonius« (*Familie Polonius.
Die hellen Nächte. Zwei Novellen*, 1909, E. Glawe) gegeben. Als die dritte
Novelle mit dem Titel »En Hverdags-Historie« (*Eine Alltagsgeschichte*,
1901, L. zu Burgheim/H. v. Gansheim) 1828 mit großer Begeisterung
aufgenommen wurde, unterzeichnete Gyllembourg ihre Texte fortan
mit »Forfattaren til en Hverdags-Historie« (Der Verfasser von »Eine
Alltagsgeschichte«) und identifizierte sich damit über das ihr eigene
Genre: die realistische Alltagsschilderung. Mit ihrem Versuch, der
vorherrschenden idealisierenden Beschreibung großbürgerlicher
Lebensverhältnisse den bürgerlichen Alltag entgegen zu stellen, gehört sie neben S. S. Blicher zu den Wegbereitern des poetischen Realismus in Dänemark.

Der Schauplatz der Erzählungen, die im bürgerlichen Milieu
angesiedelt sind, ist das Kopenhagen der ersten Hälfte des 19. Jh.s. Die
vorsichtig formulierte Kritik an den Standesgrenzen und der bürgerlichen Kernfamilie geht jedoch niemals so weit, dass die gesellschaftlichen Normen grundsätzlich in Frage gestellt würden. Am Ende der
etwa 25 Erzählungen und Novellen steht immer die Wiederherstel-
lung einer vorübergehend destabilisierten Ordnung: Vernunft, gesun-
der Menschenverstand, Güte und Empathie sind die Werte, auf die

sich die Protagonisten und insbesondere die Protagonistinnen berufen. Das realistische Potenzial liegt vor allem in den Schilderungen von Orten und Personen, die möglichst wirklichkeitsgetreu und ohne eine analysierende Erzählerfigur formuliert werden. Dabei erscheint das bürgerliche Heim als weibliche Domäne, die zugleich Zufluchtsort ist und dem öffentlichen Leben als männlichem Terrain gegenübergestellt wird. Thema ist aber auch die Diskrepanz zwischen Schein und Realität: In En Hverdags-Historie muss der männliche Erzähler erkennen, dass er sich ein falsches Bild von seiner Frau Jette gemacht hat – sie erweist sich als kokett und unzuverlässig – und dass seine Zuneigung vielmehr ihrer zunächst unscheinbaren Halbschwester Maya gilt. Mayas ›Herzensbildung‹ und Loyalität stehen Jettes Selbstverliebtheit und Geltungswillen gegenüber. Über Umwege kommt der Erzähler schließlich mit Maya zusammen.

Es ist einerseits ein stark idealisiertes Frauenbild, das entworfen wird: Selbstlose weibliche Figuren sehen über die Verfehlungen ihrer Geliebten hinweg und führen sie sicher wieder in die häusliche Idylle und an den ihnen gesellschaftlich zugewiesenen Platz zurück, so auch in der Erzählung Drøm og virkelighed, 1833 (Traum und Wirklichkeit), in der sich ein junger Mann gegen die bürgerliche Doppelmoral zu stellen versucht und sich zu seiner Beziehung mit einem Dienstmädchen und dem gemeinsamen Kind bekennt. Die Beziehung scheitert, und Julius findet schließlich die Liebe und Zuneigung Lauras, der Frau, die eigentlich für ihn vorgesehen war und die geduldig und ohne Wissen ihres Verlobten die Konkurrentin, die am Ende im Sterben liegt, gepflegt hat.

Dieser Idealisierung der Frau steht andererseits die Kritik an einer Gesellschaftsordnung entgegen, in der die bürgerliche Doppelmoral gerade in der Verhandlung von Sexualität und der Vorbereitung auf die Ehe vorgeführt wird. Vorherrschende Themen sind denn auch Ehe und Scheidung, Eltern-Kind-Relationen, in denen die Eltern von ihren Kindern Verhaltensweisen einfordern, die sie selbst nicht vorgelebt haben, sowie die Diskrepanz zwischen der Erwartung an das Leben und der Realität des Alltags. Die harmonisch gelösten Probleme am Ende der Erzählungen täuschen nicht darüber hinweg, dass die Autorität der älteren Generation angezweifelt wird und dass es gerade die Frauen sind, die sich mutig und selbstbewusst über die gesetzten Grenzen hinwegsetzen, um an ihr Ziel zu gelangen und die Vorstellung einer Liebesehe realisieren zu können.

Zum Erfolg der Alltagsgeschichten trug nicht zuletzt Søren Kierkegaards emphatisches Lob der Erzählung »To Tidsaldre« (*Zwei Zeitalter. Novelle vom Verfasser der Erzählung* ›*Eine Alltagsgeschichte*‹, 1848, G. v. Leinburg) bei. In seiner Besprechung »En litterär anmeldelse« (1847) bezeichnete er sie als »Novelle der Vollendung«.

KARIN HOFF

Johan Ludvig Heiberg

* 14. Dezember 1791 in Kopenhagen (Dänemark)
† 25. August 1860 in Bonderup bei Ringsted (Dänemark)

Sohn von P. A. Heiberg und T. Gyllembourg; 1817 Promotion über Calderón; 1822–1825 Lektor in Kiel, Bekanntschaft mit Hegel und dessen Philosophie; ab 1828 Theaterdichter am Königlichen Theater Kopenhagen; zahlreiche Dramen und philosophische Schriften, bedeutender Literaturkritiker und Herausgeber mehrerer Zeitschriften.

Der Elfenhügel. Drama mit Gesang in 5 Akten / Elverhøi. Skuespil i 5 Acter

Das 1828 uraufgeführte Stück ist das Ergebnis eines Wettbewerbs, zu dem das Kopenhagener Theater u. a. die Dichter A. Oehlenschläger und C. J. Boye aufgefordert hatte und dessen Aufgabe es war, ein Festspiel für die Hochzeit des späteren Königs Frederik VII. zu schreiben. Heiberg siegte mit Elverhøi über Oehlenschläger, dessen naiv-symbolisches Stück Sigrid med Sløret (Sigrid mit dem Schleier) nicht mehr dem Zeitgeschmack entsprach, der neben der Allegorie auch eine komplizierte Bühnenintrige verlangte. Diesem Bedürfnis trug Heiberg Rechnung, indem er die alte dänische Volkssage vom Herrscher des Elfenhügels, der keinen anderen König neben sich duldet – ein Motiv, das er einer 1695 von Peter Syv veröffentlichten Balladensammlung entnahm – und eine Intrige, in deren Mittelpunkt nach spanischem Vorbild (Heiberg hatte über Calderón promoviert) zwei Liebespaare stehen, miteinander verknüpfte.

Als König Christian IV. auf einer Reise von Vordingborg nach Kopenhagen bei seinem Vasallen Albert Ebbesen einkehrt, befiehlt er diesem, Elisabeth Munk, die (vermeintliche) Patentochter des Königs, zu heiraten. Elisabeth liebt jedoch Paul Fleming, einen Offizier des Königs, während Ebbesen Zuneigung für die mittellose Agnete empfindet. Der Konflikt löst sich, als der König an Agnetes Finger einen Ring entdeckt, der ihm beweist, dass sie in Wahrheit sein Patenkind ist. Sein Vasall Walkendorff, unter dessen Obhut dieses Kind einst stand, hatte nämlich, nachdem ihm die echte Elisabeth eines Tages geraubt worden war, seine eigene Nichte als Elisabeth ausgegeben.

Durch diese positive Wendung kann der Befehl des Königs befolgt werden, ohne dass die beiden Paare sich trennen müssen. Die Lieben-den finden endlich zusammen, nachdem sich ihnen, ähnlich wie in Shakespeares A midsummer night's dream (Ein Sommernachtstraum), allerlei Hindernisse in den Weg gestellt hatten.

Die parallel verlaufende allegorische Handlung feiert den Sieg geistig-sublimierter Naturanschauung über den Aberglauben des Volkes, der die sinnlichen Erscheinungen der Natur mythisiert – ein Seitenhieb auf die ältere Romantik – und daher keine objektive, auf-geklärte Betrachtung der Phänomene zulässt. Agnete galt im Volk als Tochter des Elfenkönigs, der mit seinem Elfenvolk überall in der Welt Unheil und Verwirrung stiftet, und war somit der indirekte Beweis für seine Existenz. Als ihre wahre Herkunft bekannt wird, verliert der alte Volksglaube seine Kraft. Dem Elfenkönig, der die Nähe eines anderen Königs nicht duldet, hatten die Leute zudem die Schuld daran gege-ben, dass der dänische Herrscher nie zu ihnen kam. Mit der Anwesen-heit Christians IV. erweist sich auch diese Vorstellung als falsch; vor der heiteren Weltoffenheit des Königs zerstiebt der ganze Nebelspuk und die ›gesunde Vernunft‹ triumphiert.

Dank dieser zeitgerechten Haltung und seines unbeschwerten Fortschrittsglaubens wurde Elverhøi, zu dem F. Kuhlau (1786–1823) eine kongeniale Musik schuf, zum dänischen Nationalspiel schlecht-hin. Seine phantasievolle Lebendigkeit lässt es auch zu Beginn des 21. Jh.s noch reizvoll erscheinen, und insbesondere die eingestreuten Lieder erfreuen sich volksliedartiger Popularität. ALFONS HÖGER

Fredrika Bremer

* 17. August 1801 in Turku (Finnland)
† 31. Dezember 1865 in Årsta/Stockholm (Schweden)

Aufgewachsen in großbürgerlichen Verhältnissen, zahlreiche Bildungsreisen; 1828 literarisches Debüt; Wegbereiterin des realistischen Romans in Schweden; Einsatz für die Rechte der Frau; Übersetzungen in zahlreiche europäische Sprachen, im 19. Jh. außerordentliche Popularität in Deutschland.

Skizzen aus dem Alltagsleben / Teckningar utur hvardagslifvet

Für die zwischen 1828 und 1832 erschienene Sammlung von Erzählungen und Romanen fordert die Verfasserin, der Leser solle nicht »Roman« nennen, was sie als »Skizzen« bezeichnet habe, »die keinen Anspruch machen auf den strengen Zusammenhang und die Entwicklung des Romans«. Die Werke sollten vielmehr betrachtet werden »wie Grashalme oder Blumen auf einer Wiese, die im Winde auf getrennten Stielen schaukeln, die aber ihre Wurzeln in demselben Boden haben und sich in dem Licht einer gemeinsamen Sonne entwickeln«. Damit ist auf Gemeinsamkeiten der meist mehrteiligen und umfangreichen Werke hingewiesen. Die Verfasserin wendet sich mit ihren *Teckningar utur hvardagslifvet* bewusst an ein Publikum junger Leserinnen, dem sie unterhaltsam-belehrend Idealbilder weiblicher Selbstverwirklichung in Heim, Ehe oder Beruf vorführt. Das lockere Handlungsgefüge umschließt eine Reihe von Situationen, in denen die Hauptpersonen, meist Mädchen oder junge Ehefrauen, in Gesprächen, Briefen oder Tagebuchaufzeichnungen ihre Gefühle schildern und sich über Liebe, christliche Tugend und Moral äußern. In ihrem optimistischen Weltbild, das auf dem Glauben an die Güte des Menschen basiert, ist der Gedanke des Friedens und der Versöhnung das strukturbildende Element. Dabei schließen die Prosastücke sowohl an die Ideen der Aufklärung wie auch an die Gefühlswelten des Sturm und Drang und der Romantik an.

Das erste Werk der Reihe, *Axel och Anna eller correspondence emellan tvenne våningar*, 1828 (*Axel und Anna, oder Briefwechsel zwischen zwei Stock-*

werken), wurde trotz des anspruchlosen Inhalts mit Beifall aufgenommen, da sich hier zum ersten Mal in der schwedischen Literatur Ansätze zu einer Beschreibung des alltäglichen Familienlebens finden. Neben den Erzählungen Tvillingarne (Die Zwillinge), Förhoppningar *(Hoffnungen)*, Den ensamma (Die Einsame) und Tröstarinnan (Die Trösterin) – Bekenntnisse leidender Menschen in sentimentalem und religiöserbaulichem Stil –, steht als erstes wichtiges Werk der Roman Familjen H***, 1830–1832 (Die Familie H., 1841), der mit Recht als erster schwedischer Familienroman bezeichnet wurde. Die Protagonistin mit dem sprechenden Namen Beata Vardagslag (Beate Alltäglich) erzählt darin von den wechselvollen, romantischen Liebesbeziehungen der Töchter aus dem Hause H***, deren Weg zu Glück und Frieden allerdings psychologisch wenig glaubwürdig dargestellt ist.

Die folgenden Romane, die ab 1834 unter dem Obertitel Nya teckningar utur hvardagslifvet (Neue Skizzen aus dem Alltagsleben) erschienen, sind in Stil und Ideengehalt deutlich von Goethes Wilhelm Meister, von F. Schlegel, Swedenborg und Jean Paul inspiriert. Neben Presidentens döttrar, 1834 (Die Töchter des Präsidenten), Hemmet eller familje-sorger och fröjder, 1839 (Das Haus, oder Familiensorgen und Familienfreuden), und Syskonlif, 1848 (Geschwisterleben), gilt Grannarne, 1837 (Die Nachbarn), als bedeutendstes Werk. In diesem Briefroman schildert die junge Arztfrau Franziska W. einer Freundin das gesellschaftliche Leben im Kreis der Freunde und Verwandten ihres Ehemanns, mit dessen Stiefmutter, der Generalin Mansfelt, die Autorin eine der psychologisch überzeugendsten Gestalten ihrer Romanserie schuf. Die Haupthandlung schildert die Versöhnung der Generalin mit ihrem Sohn Bruno, den sie vor vielen Jahren wegen eines Gelddiebstahls verstoßen hatte.

Fredrika Bremers zwischen Spätromantik und beginnendem Realismus angesiedelte Hverdagshistorier trieben die Entwicklung des realistischen schwedischen Romans und die Diskussion der Rolle der Frau in der Gesellschaft entscheidend voran. RUPRECHT VOLZ

Hans Christian Andersen

* 2. April 1805 in Odense (Dänemark)
† 4. August 1875 in Kopenhagen (Dänemark)

Aufgewachsen unter ärmlichsten Verhältnissen; Ausbildung durch
Förderung des Königs; unstetes Leben als Außenseiter; Reisen in
30 Länder; vielseitigster und weltweit bekanntester dänischer Dichter,
auch Bildkünstler.

Die Reisebücher

Neben Gedichten und Arbeiten für das Theater gehören poetische
Reiseschilderungen, wie sie sich seit dem 18. Jh. etabliert hatten und
im deutschen Vormärz zu neuer Bedeutung kamen, von Anfang an
zum festen Repertoire des Autors, der einer der reisefreudigsten
Dichter nicht nur seiner Zeit gewesen sein dürfte. Dank der höchst
variablen Gestaltungsmöglichkeiten, die das Genre eröffnet, vermögen gerade seine vielgelesenen Reiseschilderungen – zu denen zwei
seiner Hauptwerke gehören – oft einfallsreich zwischen Reportage,
Erzählung und autobiographischer Prosa zu vermitteln. Einige Gedichte, Märchen und Geschichten, aber auch poetologische Positions-
bestimmungen sind hier zuerst erprobt worden; politische Fragen treten demgegenüber ganz zurück. Dank der unerschöpflichen Neugier
des Autors, der an Naturlandschaften ebenso interessiert war wie an
technischen (auch medialen) Neuerungen und sozialen Wandlungen,
an Kunstwerken wie an Künstlern, gehören die Reisebücher zu seinen
anschauungs- und abwechslungsreichsten Arbeiten.

Das Prosadebüt allerdings, 1829 erschienen unter dem pompösen
Titel *Fodreise fra Holmens Kanal til Østpynten af Amager i Aarene 1828 og
1829* (Fußreise von Holmens Kanal zur Ostspitze von Amager in den
Jahren 1828 und 1829), benutzt das Genre nur parodistisch als Vehikel
einer Literatursatire im Geiste der deutschen Frühromantik, Laurence
Sternes und Jens Baggesens. Die vermeintliche Reise erweist sich als
Stadtspaziergang durch Kopenhagen in der Silvesternacht; die kal-
kulierte Konfusion aus phantastischen Elementen, allegorischen und
gelehrten Digressionen erzeugt eine übermütige Karnevalisierung
eben jener biedermeierlichen »Bildungskultur« (um den führenden

Kritiker J. L. Heiberg), in die sich der junge Autor mit diesem Buch Einlass verschafft.

Das erste genretypische Reisebuch, *Skyggebilleder fra en Reise i Harzen, den Sachsiske Schweiz etc. etc. i Sommeren 1831, 1831* (Schattenbilder von einer Reise in den Harz, die Sächsische Schweiz etc. etc. im Sommer 1831), schildert die (Bildungs-)Reise des jungen Dichters in das romantische Deutschland. Auch hier aber spielt die literarische Selbstreflexion noch eine wesentliche Rolle. So reflektieren die Harzwanderungen auf den literarischen Spuren Goethes und vor allem Heines das Epigonen-Bewusstsein seiner Generation, während der Besuch bei Ludwig Tieck in Dresden umgekehrt wie eine symbolische Inthronisierung des jungen Andersen zum Dichter einer neuen Literatur inszeniert ist. Tatsächlich tragen manche Schilderungen schon dieses Frühwerks zu einer ästhetischen Neuorientierung bei, vor allem – wie J. de Mylius im Kommentar zur Neuausgabe gezeigt hat – die Kategorie des »Interessanten«, die sich als Schritt zu einer Ästhetik des Hässlichen lesen lässt.

En Digters Bazar, 1842 (*Eines Dichters Basar*, 1984), gehört ebenso wie *I Sverrig*, 1851 (*Reisebilder aus Schweden und England*, 1985, G. Perlet), zu Andersens Hauptwerken. *En Digters Bazar*, eines seiner umfangreichsten Bücher, schildert die oft abenteuerliche Reise, die den Dichter durch Deutschland und Italien nach Griechenland, in die Türkei und über den Balkan nach Österreich führte. Ist dieses Werk das in seinen Gegenständen abwechslungs- und überraschungsreichste geworden (von der Beschreibung der neuen Eisenbahnen bis zum Tanz der Derwische in Konstantinopel), so zeigt das Schweden-Buch den größten literarischen Ehrgeiz. Andersen selbst zählte es zu seinen am sorgfältigsten ausgearbeiteten Werken. Hier wird, in demonstrativer Abkehr von den nationalistischen Kämpfen zwischen Dänemark und Deutschland und im virtuosen Wechsel der Tempi und Tonfälle, eine Reise durch einen Epochenwechsel inszeniert. Vor allem die von der industriellen Revolution ausgehenden Wirkungen auf Gesellschaft und Natur werden präzise wahrgenommen und in ihren kulturellen und poetologischen Konsequenzen reflektiert. Das gilt auch für das zunächst als Reportagen-Serie entstandene Prosastück *Et Besøg hos Charles Dickens*, 1860 (Ein Besuch bei Charles Dickens), dessen London-

Passagen zu den eindringlichsten Schilderungen der modernen Großstadt gehören, die der modernitätsbegeisterte Andersen je formuliert
hat. Diese produktive Spannung von Entdeckerneugier und literarischer Spielfreude lässt in den beiden späten Reisebüchern nach. I *Spanien*, 1863 (*In Spanien*, 1998, A. Glienke; darin auch die eindrucksvolle
Schilderung eines Aufenthalts in Marokko), und *Et Besøg i Portugal* 1866,
1868 (*Ein Besuch in Portugal* 1866), variieren weitgehend nur das einmal
gefundene Muster. HEINRICH DETERING

Bilderbuch ohne Bilder / Billedbog uden Billeder

Dieser zuerst 1839 erschienene, in den Neuausgaben 1845 und 1854
jeweils erweiterte Band wurde eines der weltweit erfolgreichsten
Bücher des Autors. Die mit den Medien- und Genre-Grenzen expe-
rimentierenden Texte sind nach dem Willen des Autors nicht als
Miniaturerzählungen oder Reiseprosa zu lesen (obwohl sie mit bei-
dem verwandt sind), sondern als »Gedichtsammlung in Prosa«. Diese
Zuschreibung erscheint umso plausibler, als hier die Spannungen zwischen Biedermeier und Vormoderne kulminieren, die auch Andersens
lyrisches Werk, sowie auch seine poetologischen Programmschriften
in *Eventyr og Historier* (*Sämtliche Märchen*) und sein Reisebuch I *Sverrig*,
1851 (*Reisebilder aus Schweden und England*, 1985), bestimmen.

Die romantische Rahmenkonstruktion des ersten Abschnitts
führt in die folgenden 32 »Abende« ein, in denen der Mond allnächt-
lich einem einsamen Studenten in der Dachkammer einer modernen
Großstadt Bilder aus aller Welt schildert. Diese teils narrativen, teils
ganz ›lyrischen‹ Prosagedichte verbinden, in einem raffiniert einfachen und musikalisch geschmeidigen Stil, sentimentale Genreszenen
aus dem Kinderleben und exotische Ansichten aus China und Ara-
bien, vom Ganges usw. mit oft schockierenden Bildern der modernen
Gegenwart – so dem Sterben einer alternden Prostituierten in Kopenhagen, der Darstellung einer verelendenden Auswandererfamilie und
der Parabel vom Leben als Kreislauf sinnloser Wiederholungen, aus
dem erst der Tod befreit. In solchen Abschnitten kippt die auf den
ersten Blick so harmlos-biedermeierliche Konzeption der Texte in
eine Ästhetik des Hässlichen um, die den Band in die Nähe von Henrik
Wergelands spätromantischen Sujets und namentlich von Baude-

laires »poèmes-en-prose« geraten lässt (vgl. *Le spleen de Paris*). Allegorische Bilder wie die Beschreibung der Nachtigall, die im Hintergrund einer Darstellung sozialen Elends verendet, reflektieren diesen romantischen Abschied von der Romantik in einer provozierenden (und selbstkritischen) Schärfe, die auch durch die Harmonisierungsbemühungen des Kontextes nicht wieder aufgehoben wird. HEIN-RICH DETERING

Sämtliche Märchen / Eventyr og Historier

Der Weltruhm des Autors gründet sich vor allem auf seine zwischen 1835 und 1872 erschienenen »Märchen« – ein Begriff, der hier allerdings eine Vielzahl unterschiedlichster narrativer Genres einschließt. Unter dem Eindruck der Kunstmärchendichtung und Volksmärchen-Sammlungen der dänischen und deutschen Romantik veröffentlichte der schon als Lyriker, Dramatiker und Reiseschriftsteller etablierte Andersen 1835 in zwei unscheinbaren Heften *Eventyr, fortalte for Børn* (Märchen, für Kinder erzählt). Die überraschend große Wirkung der zunächst eher als Nebenwerke behandelten Texte ermutigte ihn bald zu Fortsetzungen (bis 1842). Ab 1843/44 veränderte sich mit der nun anspruchsvolleren Aufmachung auch die Genrebezeichnung: Nun firmierten die Texte nur noch als »Eventyr« (Märchen), 1852 bis 1855 dann als »Historier« (Geschichten); ab 1858 etablierte sich die Doppelformel »Eventyr og Historier«.

Dieser Wandel entspricht jener Doppelperspektive, die Andersens selbst für die Texte geltend gemacht hat: Sie seien für Kinder geschrieben, denen Erwachsene über die Schulter blickten. Tatsächlich erschließen sich, bei allem kindlichen und kindgemäßen Zauber, manche Züge der oft anspielungsreichen »Märchen« erst geschulten Lesern, viele der späteren Texte sind erkennbar überhaupt nur für Erwachsene geschrieben. 156 Märchen und Geschichten umfasst die Ausgabe letzter Hand, die seit 1990 in der philologisch vorbildlichen Edition von Erik Dal u.a. vorliegt. Hinzu kommen einige nur im Ausland oder postum publizierte Texte, Märchenballaden, aber auch das Schauspiel *Agnete og Havmanden*, 1833 (Agnete und der Meermann).

Die Basis dieses umfangreichen Corpus bilden freie Adaptionen von Volksmärchen, deren Drastik Andersen (im Gegensatz etwa zu den Brüdern Grimm) oft zu satirischen Angriffen auf die bürgerliche Bildungskultur nutzt. So endet »Fyrtøiet«, 1835 (»Das Feuerzeug«), mit einem komisch geschilderten Volksaufstand gegen den König in einem wiedererkennbaren Kopenhagen. Im Schwankmärchen »Lille Claus og Store Claus«, 1835 (»Der kleine Claus und der große Claus«), setzt sich der »Kleine« mit amoralischer Schläue gegen den mörderischen »Großen« durch; noch der anarchische »Klods-Hans«, 1855 (»Hans Tolpatsch«), zerstört das aristokratische Ritual und befreit so die Prinzessin. Dabei erzeugt die zuerst im »Feuerzeug« erprobte artistische Verbindung ironisch verspielter Stil-Manierismen mit einer fiktiven Mündlichkeit (in Leseranreden, Interjektionen, umgangssprachlichem Vokabular, syntaktischen Inkongruenzen) eine Grundspannung zwischen oraler Volks- und avancierter Schriftkultur, die als strukturelle Ironie das gesamte Werk mitbestimmt. Die thematischen wie strukturellen Bezüge zum Volksmärchen treten bald zurück, dafür werden nun auch Balladen- und Sagenstoffe einbezogen.

Daneben stehen von Beginn an romantische Märchendichtungen, von denen viele ins kollektive Bewusstsein der Moderne eingegangen sind, Texte von unerschöpflicher Phantasie und in unterschiedlichsten Akzentuierungen und Tonfällen – von den autobiographisch getönten Künstler-Parabeln »Prindsessen paa Ærten«, 1835 (»Die Prinzessin auf der Erbse«), und »Den grimme Ælling«, 1844 (»Das hässliche Entenküken«), über die Gesellschaftssatire »Keiserens nye Klæder«, 1837 (»Des Kaisers neue Kleider«), bis zu symbolisch-vieldeutigen Kunstmärchen im engeren Sinne wie »Den lille Havfrue«, 1835 (»Die kleine Meerfrau«), »Den standhaftige Tindsoldat«, 1838 (»Der standhafte Zinnsoldat«), oder »Nattergalen«, 1844 (»Die Nachtigall«). Zunehmend treten dabei einerseits satirisch-sozialkritische Züge in den Vordergrund (vor allem in den der Fabel nahen Dingmärchen, in denen alltägliche Gebrauchsgegenstände kleinbürgerliche Verhaltensnormen der Lächerlichkeit preisgeben); andererseits macht Andersen das Märchen zum Experimentierfeld für religiöse und philosophische Grundthemen, die ihn nicht nur als Nachfolger der deutschen und dänischen Romantik zeigen, sondern auch als Zeitgenossen Kierkegaards. Fragen nach richtiger und verfehlter Existenz, Identität und Selbstverlust, Vertauschung oder Aufhebung von Geschlechterrol-

len, nach Zeitlichkeit und Ewigkeit, Gottvertrauen und Unglauben
bestimmen außer den genannten auch Erzählungen wie »Grantræet«,
1845 (»Der Tannenbaum«), »Den lille Pige med Svovlstikkerne«, 1846
(»Das kleine Mädchen mit den Schwefelhölzern«), »Historien om
en Moder«, 1848 (»Die Geschichte einer Mutter«), oder »Hjertesorg«,
1853 (»Herzeleid«). In komplexen Adoleszenzdarstellungen wie
»Sneedronningen«, 1845 (»Die Schneekönigin«), und »Dyndkongens
Datter«, 1858 (»Des Schlammkönigs Tochter«), werden zunehmend
auch psychoanalytische Kategorien entfaltet und mit erkenntnis-
theoretischen, theologischen und kulturphilosophischen Fragen
verknüpft. Dabei erproben die Texte durchaus unterschiedliche Positionen, vom spätromantischen Entwurf utopischer Gemeinschaft
in einer versöhnten Allnatur in »Klokken«, 1845 (»Die Glocke«), bis
zum abgründigen Pessimismus in der – zuweilen mit den Erzählungen Kafkas verglichenen – Meistererzählung »Skyggen«, 1847 (»Der
Schatten«).

Im Spätwerk werden zentrale Sujets früherer Texte ausweitend
revidiert (so die »Meerfrau« in »Iisjomfruen«, 1862, »Die Eisjungfrau«),
aber auch ganz neue Themenbereiche erschlossen. Das gilt vor
allem für die epochalen technisch-industriellen Umbrüche und ihre
ökologischen und kulturellen Konsequenzen. So versetzt das als
einziges Märchen separat publizierte Dryaden, 1868 (»Die Dryade«),
die mythisch-märchenhafte Titelheldin ins Paris der Weltausstellung
von 1867; »Den store Søslange«, 1871 (»Die große Seeschlange«), erzählt
vom Telegraphenkabel zwischen Europa und Amerika und so fort. Zu
diesem Komplex gehören auch die poetologischen Programmschriften, die Andersen ausgerechnet in seine Märchen-Sammlungen aufnahm und unter denen das zwischen Spätromantik und Frühmoderne
halsbrecherisch balancierende Pamphlet »Det nye Aarhundredes
Musa«, 1861 (»Die Muse des neuen Jahrhunderts«), die bedeutendste
ist.

Der Vielfalt der Genres entspricht die stilistische Variationsbreite.
In Satiren wie »Loppen og Professoren«, 1873 (»Der Floh und der
Professor«), und dem von Andersen selbst ans Ende seiner Sammlung
gestellten poetologischen Epilog »Tante Tandpine«, 1872 (»Tante
Zahnweh«), erreichen die Texte noch einmal eine neue sprachliche

Qualität, deren an Montageverfahren erinnernde Schroffheit nicht mehr auf die Romantik zurück-, sondern entschieden auf die Moderne vorausweist. Die weltliterarischen Wirkungen dieser Texte sind unabsehbar; sie reichen von Oscar Wilde und Joyce bis zu den Romanen Fontanes, Kafkas, Grass' und namentlich Thomas Manns, der »Andersens Märchen« den »frühesten, tiefsten und nachhaltigsten« Leseeindruck seines Lebens genannt hat.   HEINRICH DETERING

Das Märchen meines Lebens / Mit Livs Eventyr

Im Gesamtwerk des Autors nehmen die autobiographischen Schriften einen zentralen Platz ein: Bereits zu Anfang der 1830er Jahre arbeitete er am zu Lebzeiten unpublizierten *Levnedsbog* (Lebensbuch), das den Zeitraum von 1805 bis 1831 umfasst. Die erste gedruckte Selbstdarstellung *Das Märchen meines Lebens ohne Dichtung* erschien 1847 als Einführungsband zu seinen *Gesammelten Werken* in Deutschland, wo Andersens Ruhm seinen Ausgang nahm. Das dänische Original wurde erst 1942 von H. Topsøe-Jensen herausgegeben. Eine stark erweiterte, bis 1855 weitergeführte dänische Fassung erschien im gleichen Jahr in *Samlede Skrifter*. Für eine amerikanische Ausgabe seiner Schriften ergänzte Andersen die Darstellung bis 1867, dem Jahr der Ehrenbürgerwürde in seiner Geburtsstadt Odense. Diese erweiterte Fassung wurde 1876 in die zweite Auflage von *Samlede Skrifter* aufgenommen.

Andersen erzählt seinen Lebenslauf wie ein Märchen: »Mein Leben ist ein hübsches Märchen, so reich und glücklich. Wäre mir als Knabe, als ich arm und allein in die Welt hinausging, eine mächtige Fee begegnet und hätte sie gesagt: ›Wähle deine Laufbahn und dein Ziel, und dann, je nach deiner Geistesentwicklung und wie es der Vernunft gemäß in dieser Welt sein muß, beschütze und führe ich dich!‹ – mein Schicksal hätte nicht glücklicher, klüger und besser geleitet werden können.«

Mit 14 Jahren geht der arme Schustersohn nach Kopenhagen, um berühmt zu werden. Zuerst versucht er vergeblich, am Theater unterzukommen. Durch Vermittlung des berühmten Naturforschers H. C. Ørsted lernt er den Finanzbeamten Jonas Collin kennen, der ihn in seine Familie aufnimmt und ihn in die Lateinschule von Slagelse schickt. Dort leidet der Knabe unter seinem Außenseitertum und der Strenge des Rektors. Am Ende seiner Schulzeit ermutigt ihn wiederum Collin, die unsichere Laufbahn eines Dichters einzuschlagen. Durch seinen Roman *Improvisatoren*, 1835 (*Der Improvisator*, 1840), und die ersten Hefte seiner Märchen wird er berühmt. Die folgenden Jahre, die zu den produktivsten seines Lebens zählen, sind bestimmt von den großen Reisen und Begegnungen mit den literarischen und gesellschaftlichen Größen Europas. Überall wird Andersen begeistert empfangen und gewinnt auch die Freundschaft des dänischen Königshauses, das ihm eine Pension auf Lebzeiten aussetzt.

In einer Mischung aus Eigenlob und Ängstlichkeit stilisiert Andersen seine Lebensgeschichte demonstrativ (und zweideutig) märchenhaft. Dabei beschönigt und verklärt er vor allem seine soziale Herkunft. Doch trotz mancher Retuschen und Auslassungen wird viel von seinem Wesen offenbar. Darüber hinaus legt das Werk Grundzüge seines Schaffens bloß, das weithin autobiographische Züge trägt. Nicht ohne Grund bezeichnet deshalb Andersen selbst seine Lebensschilderung als den »besten Kommentar zu meiner Dichtung«.

MARTIN DREHER

Henrik Wergeland

* 17. Juni 1808 in Christianssand (Norwegen)
† 12. Juli 1845 in Christiania (Oslo, Norwegen)

(Pseudo. Siful Sifadda) – Sohn eines Vorkämpfers der norwegischen
Unabhängigkeit von 1814, Bruder der Schriftstellerin Camilla Collett;
Studium der Theologie, Botanik, Medizin, Geschichte; vielseitig pro-
duktiver, politisch engagierter Dichter, Publizist; 1840 Reichsarchivar;
Begründer der neueren norwegischen Literatur.

Das lyrische Werk

Wergelands experimentierfreudiges lyrisches Werk, neben dem
Sigbjørn Obstfelders (1866–1900) das bedeutendste der norwegischen
Literatur, entstand unter außergewöhnlichen Bedingungen. Nach
der Unabhängigkeit von Dänemark (1814) galt es, im stürmischen
Prozess der ›Nationwerdung‹ einer erst aufbrechenden National-
literatur Gestalt zu geben. In den damit verbundenen Konflikten, die
im Wesentlichen innerhalb einer kleinen, aber überaus beweglichen
Bildungsschicht ausgetragen wurden (deren Porträt Wergelands
Schwester Camilla Collett später zeichnete), waren Politisches und
Literarisches kaum zu trennen. Für den lebhaften Publizisten und
Dichter Wergeland gilt das in besonderem Maße. Viele seiner wich-
tigsten Gedichte entstanden aus persönlichen und tagesbezogenen
Anlässen, sind ›Gelegenheitsdichtung‹. Die Rezeption wird erschwert
durch seine auch in der Lyrik gewaltige Produktivität (etwa 1200
Druckseiten) und das Ungestüme seines Talents, das sich in allen
denkbaren Feldern, Formen und Traditionen erprobte.

　　　Bereits der erste Gedichtband *Digte. Første Ring*, 1829 (Gedichte.
Erster Ring), revolutionierte unter dem Einfluss hochromantischer
Poesie die junge norwegische Literatur. Im Mittelpunkt dieser Zeitgedichte und Naturlyrik, Freundschafts- und Liebesgedichte, lyrisch-
monologischen und szenischen Texte steht die imaginäre, zugleich
persönliche und ins Kosmische mythisierte Geliebte Stella. Das Buch
provozierte besonders wegen seiner formalen Ungebundenheit vehemente Reaktionen in Zustimmung und Ablehnung. Der konservative
Protest Welhavens gegen diese vermeintliche Formlosigkeit löste

eine Literaturfehde aus, die über alle private Polemik hinaus Grund-
konflikte des kulturellen Selbstverständnisses Norwegens austrug.
Wergeland figurierte in ihr als Vertreter einer unbekümmerten Emanzipation im Politischen wie in der Poesie.

Nach dem monumentalen Versepos *Skabelsen, Mennesket og Messias*
(1830) veröffentlichte Wergeland Zeitgedichte zu politischen Vor-
gängen in Norwegen wie etwa auch gegen den Zaren (»Cæsaris«, 1831),
gegen koloniale Unterdrückung (»Bolívar«, 1831) oder die Reaktion in
Spanien (»Spaniolen«, 1833) und für ein demokratisches Norwegen. In
der zweiten umfangreichen Sammlung *Digte. An den Ring* (1834) gipfeln
diese Versuche in der poetischen Vision »Det befriede Europa« (Das
befreite Europa). Bis an sein Lebensende blieb die politische Lyrik
ein wichtiges Feld des Werks. Das gilt vor allem für die Sammlungen
Jøden. Ni blomstrende Torneqvister, 1842 (Der Jude. Neun blühende Dornenzweige), und *Jødinden. Elleve blomstrende Tornekvister*, 1844 (Die Jüdin.
Elf blühende Dornenzweige), die den publizistischen Kampf für die
Judenemanzipation mit poetischen Mitteln fortführen. Der dänische
Erzähler Meir Aron Goldschmidt schrieb dem sterbenden Dichter:
»Wergeland, wenn ich an Sie denke, bin ich stolz, ein Mensch zu sein.«

Verlobung und Hochzeit (1839) mit Amalie Bekkenvold markieren
einen Einschnitt in Wergelands Lyrik, die nun im Zyklus *Poesier* (1838)
vorübergehend geradezu klassizistische Formen annahm. Schon hier
aber wurden neben Liebesgedichten in Odenform neue Sujets erschlossen, so in »Pigen paa Anatomimakkeret« (Das Mädchen in der
Anatomie). Von hier aus brach Wergelands späte Lyrik auch formal in
die Moderne auf: 1841 erschienen unter dem ironischen Titel *Sujetter
for Versemagere* (Sujets für Versemacher) einige der frühesten Prosagedichte der europäischen Literatur, Darstellungen des ›ennui‹ und
poetischer Fluchtwege in Ästhetizismus, Wahnsinn und die Schönheit des Todes. Auch wenn die Ähnlichkeiten mit Baudelaire manchmal verblüffend erscheinen, so überwiegt doch stets eine leidenschaftliche Daseinsbejahung. Das in freien Versen geschriebene »Mig
selv«, 1841 (Selbstbildnis), ist in dieser Hinsicht zugleich poetisches
Programm und selbstbewusste Einlösung. Auch die Naturdichtung
erreicht im Spätwerk, vor allem im meisterhaften Prosa- und Gedichtzyklus *Jan van Huysums Blomsterstykke*, 1849 (Jan van Huysums Blumen-

stück), eine vollkommene Einheit von Sinnlichkeit, Kunstreflexion und mystischer Hingebung. Unter den Gedichten des Sterbenden, deren subtile Ironie zuweilen an Heine erinnert, sind einige seiner künstlerisch gelungensten Texte, so die romantischen Strophen von »Til min Gyldenlakk« (An meinen Goldlack) und freirhythmisch-reimlose Langversgedichte, die an Whitman denken lassen, darunter »Til Foråret« (An den Frühling), Wergelands lyrisches Vermächtnis.

Der Einfluss dieses Werks auf die norwegische Literatur ist unabsehbar. Die Wirkungen seiner Verschränkung von aufklärerischer Vernunft und politischem Engagement mit romantischen Konzepten reichen bis zu Ibsen und Bjørnson. Auf die experimentelle Lyrik und die Prosagedichte berief sich Obstfelders Modernismus; sein Vitalismus führte bis zu Hamsun. Auch im übrigen Skandinavien, so bei H. C. Andersen, vereinzelt auch in der modernen deutschen Naturlyrik (Wilhelm Lehmann), wurde Wergeland als erster norwegischer Dichter von weltliterarischem Rang wahrgenommen.

HEINRICH DETERING

Johan Ludvig Runeberg

* 5. Februar 1804 in Jakobstad/Pietarsaari (Finnland)
† 6. Mai 1877 in Borgå/Porvoo (Finnland)

Ab 1822 Studium der antiken Literatur an der Åbo akademi (schwedischsprachige Universität von Turku); ab 1823 Hauslehrer in Saarijärvi; ab 1833 Griechischlehrer an einer Privatschule in Helsinki, ab 1837 Lateinlehrer an einem Gymnasium in Borgå (finn. Porvoo), wo er bis an sein Lebensende blieb; schon zu Lebzeiten als finnischer Nationaldichter verehrt, gilt als der bedeutendste finnlandschwedische Autor des 19. Jh.s.

Das lyrische Werk

Das vorwiegend in den 1830er und 1840er Jahren verfasste lyrische Werk des Autors ist Bestandteil eines Gesamtœuvres, das ohnehin überwiegend aus Verstexten besteht: Runebergs Hauptwerke, wie *Fänrik Ståls sägner, Elgskyttarne*, 1832 (Die Elchschützen), *Hanna* (1836) oder *Kung Fjalar*, 1844 (König Fjalar), sind Kleinepen, die ähnlich wie E. Tegnérs in dieser Hinsicht stilbildende *Frithiofs saga* aus nur lose miteinander zusammenhängenden versifizierten Einzeltexten bestehen. Seine Lyrik im engeren Sinne hingegen konzentriert sich auf die drei Bände seiner *Dikter* (Gedichte), die 1830, 1833 und 1843 erschienen, auf zahlreiche verstreute Gedichte sowie auf die Kirchenlieder, die in das von ihm redigierte Gesangbuch *Förslag till svensk psalmbok för de Evangelisk-Lutherska församlingarne i Finland*, 1857 (Vorschlag für ein schwedisches Liederbuch für die evangelisch-lutherischen Gemeinden in Finnland), eingingen. Darüber hinaus war Runeberg auch als Übersetzer von Lyrik tätig, ohne jedoch immer die Originale zur Vorlage zu nehmen – er übersetzte häufig aus zweiter Hand.

Runebergs Gedichte sind, wie auch sein Werk als Ganzes, von einem idealistischen Geist geprägt, wie er für die skandinavischen Literaturen um die Mitte des 19. Jh.s charakteristisch war. Sie haben jedoch weniger Biedermeierliches an sich als viele dänische oder schwedische Texte der Zeit. Zumeist ist ein religiöser Unterton spürbar, der aus natürlichen Gegebenheiten Verweise auf heilsgeschichtliche Ereignisse oder Sinnbilder einer göttlichen Transzendenz macht.

Ein Beispiel dafür ist das Gedicht »Flyttfoglarna« (Die Zugvögel), einer von Runebergs bekanntesten lyrischen Texten, in dem die Sicherheit, mit der die Zugvögel den Weg aus ihrem Winterquartier zurück in die Heimat finden, mit der Gewissheit der gläubigen Seele verglichen wird, nach dem Tod den Weg heim ins Paradies zu finden. Anders als in der Romantik jedoch handelt es sich bei dieser Gewissheit nicht um ein absolutes Wissen, sondern lediglich um eine persönliche Glaubensperspektive, die auch als solche gekennzeichnet wird.

Der Poetik der Romantik nahe stehen hingegen sowohl der einfache, volksliedhafte Ton, in dem alle Gedichte Runebergs gehalten sind, als auch die Themen insbesondere der frühen Lyrik: die Natur mit ihren Pflanzen und Tieren, Liebe, Kindheit, Landleben etc. Charakteristisch sind auch einige längere balladenhafte Gedichte, die seine Vorliebe für epische Formen zeigen und deren Stoffe zumeist dem finnischen Volksleben entstammen, wie die in den zweiten Band von Dikter aufgenommenen, in fünfhebigen, ungereimten Trochäen verfassten Gedichte »Grafven i Perho« (Das Grab in Perho) und »Zigenaren« (Der Zigeuner) sowie »Jenny« aus dem dritten Band. Die Hinwendung zum Leben der in meist ärmlichen Verhältnissen ihr Dasein fristenden Landbevölkerung entspricht ebenfalls einem Gedanken der (National-)Romantik, die in diesen Schichten den eigentlichen Träger der skandinavischen Nationen sah. Mit ihrer Schilderung leistete Runeberg also seinen Beitrag zum Nationalbewusstsein des jungen finnischen Staates, ebenso wie B. Bjørnsons ›Bauernerzählungen‹ zu Herausbildung einer nationalen Identität im vergleichbar jungen Norwegen beitragen wollten.

Paradigmatisch für diese Hinwendung zum ›Volksleben‹ sind auch die 27 kurzen, ungereimten Gedichte der Abteilung »Idyll och epigram« (Idylle und Epigramm) aus dem zweiten Band von Dikter, die einen Höhepunkt von Runebergs gesamter Lyrik darstellen. Hier werden mit äußerst sparsamen Strichen und in einer schlichten Sprache, die sich bewusst der Diktion der Volksliteratur annähert, Szenen aus dem bäuerlichen Alltag oder der finnischen Sagenwelt angedeutet, die meist um die Motive Liebe und Heirat kreisen und zugleich Grundthemen des poetischen Realismus wie Vergänglichkeit des Lebens und Verzicht auf irdisches Glück zum Gegenstand haben. Mit ihrer Reduktion und scheinbaren Bedeutungsverweigerung erinnern diese Texte mitunter an moderne Lyrik, etwa an G. Ekelöfs *Strountes*-Gedichte.

Runebergs Frömmigkeit kulminierte in seinen 62 Kirchenliedern, die zu den letzten Erzeugnissen seiner lyrischen Produktion zählen und den Beiträgen anderer bedeutender skandinavischer Autoren (etwa J. O. Wallin, B. Ingemann, N. F. S. Grundtvig) zu den Gesangbüchern ihrer Länder während oder nach der Romantik entsprechen. Sie stehen ganz im Zeichen der christlich-kirchlichen Tradition und begleiten den Gläubigen durch das Kirchenjahr, unterstützen einen ›gottgefälligen‹ Tagesablauf und predigen nicht zuletzt die christlichen Tugenden. Bezeichnend für Runebergs Werk, aber auch für den Geist der Zeit ist der Umstand, dass zu diesen auch die Vaterlandsliebe gezählt wird.

Wie sein gesamtes Werk steht Runebergs Lyrik auf der Grenze zwischen Romantik und Realismus und gehört sicher zum Bedeutendsten, was in Skandinavien auf diesem Gebiet in der Mitte des 19. Jh.s hervorgebracht wurde. Viele Texte Runebergs gingen in den Kanon der schwedischsprachigen Literatur ein, auch wenn sein Ruf als finnischer ›Nationaldichter‹ kaum mehr unbestritten sein dürfte.

LUTZ RÜHLING

Johan Sebastian Welhaven

* 22. Dezember 1807 in Bergen (Norwegen)
† 21. Oktober 1873 in Christiania (Oslo, Norwegen)

Ab 1825 Theologiestudium in Christiania (nicht abgeschlossen); beteiligte sich an der Kulturdebatte auf Seiten der ›Intelligenzpartei‹, gegen die ›Patrioten‹ um Wergeland; 1840 Lektor für Philosophie an der Universität in Christiania, 1846 Professor; auch Literaturhistoriker; gilt zusammen mit Wergeland als Begründer der neueren norwegischen Literatur.

Das lyrische Werk

Welhaven ist der bedeutendste Vertreter derjenigen norwegischen Literaten, die nach der Ablösung vom dänischen Reich (1814) weiterhin eine Anbindung an die dänische und kontinentale Kultur anstrebten. Im Gegensatz zu seinem Antipoden und Rivalen Henrik Wergeland setzte er sich bereits in seinen literaturkritischen Anfängen für eine Poesie ein, die ihre Herkunft aus der klassisch-romantischen Ästhetik erkennen lässt. Seine programmatischen Vorstellungen realisierte er in den Gedichtsammlungen *Digte*, 1838 (Gedichte), *Nyere digte*, 1844 (Neuere Gedichte), *Halvhundrede digte*, 1847 (Ein halbes Hundert Gedichte), *Reisebilleder og digte*, 1851 (Reisebilder und Gedichte), und *En digtsamling*, 1859 (Eine Gedichtsammlung), die existenzielle, ästhetische und moralische Grunderfahrungen variieren und nach Maßgabe persönlicher Erlebnisse modifizieren, ohne dass eigentlich von einer Entwicklung die Rede sein kann.

Welhaven verlangte von der Poesie, dass sie den Gegenstand durch gedankliche und gefühlsmäßige Durchdringung verinnerlichen und eine organische Synthese von Form und Inhalt in einem langsamen Reifungsprozess hervorbringen solle. Im häufig zitierten »Digtets aand« (Der Geist des Gedichts) wandte er sich gegen das spontane, improvisatorische Schaffen (etwa Wergelands) und proklamierte eine erinnernd-läuternde Distanz zum Schreibanlass. Indem das Gedicht die Bedingungen für die Kommunizierbarkeit des lyrischen Wortes zeigt, lotet es seine eigenen Möglichkeiten als transitorisches Medium aus.

Welhavens Lyrik ist entsprechend dieser Programmatik häufig eine Erinnerungspoesie, die den Verlust – einer Existenzform, einer Liebe – melancholisch als ewigen Besitz verklärt. In Anlehnung an Herder und Schelling nahm er an, dass die Natur noch Spuren eines vormals heilen Weltzustands enthielte und es Aufgabe des Dichters sei, die geheimen Chiffren des Idealen poetisch zu erschließen. Das harmonische Wortgebilde wird so zur paradigmatischen Rekonstruktion eines frühen Glücks, an dem die Spätgeborenen sonst nur zeitweilig und fragmentarisch partizipieren – namentlich dort, wo es in Reminiszenzen überlebt hat: im Eden der Kindheit (»Bergens stift«, Das Bistum Bergen), im Eden der Träume (»Byens Kierkegaard«, Der Stadtfriedhof), in mythischen Schichten des Unbewussten (»Den sunkne stad«, Die versunkene Stadt [Atlantis]) oder den »Tempelhallen der Grube« (in Anlehnung an Novalis: »Bergmester H. C. Strøm«, Berghauptmann H. C. Ström).

Aufgehoben wird die Vereinzelung der Welhaven'schen Wanderer, Emigranten und Heimatlosen zuweilen in einer körperlich nicht vollzogenen, von keiner ehelichen Wirklichkeit entstellten und daher noch im vollen Glanz des ersten Erlebnisses stehenden Liebe (dies auch vor dem biographischen Hintergrund eines problematischen Verhältnisses zu Wergelands Schwester, der Schriftstellerin Camilla Collett, und des frühen Todes seiner Verlobten Ida Kjerulf).

Seine Landschaftsgedichte zeigen die Stimmungsvielfalt der norwegischen Natur in immer neuen Schattierungen vom Idyll bis zur naturmythisch stilisierten Dämonie, namentlich in den vielen nationalen Romanzen. Er verfasste daneben auch satirisch-polemische Gedichte im Stil Heinrich Heines. So rechnete er in den Gedichten des Bandes *Norges dæmring*, 1834 (Norwegens Dämmerung), mit dem hohlen Patriotismus jener Jahre ab und provozierte unter Wergelands Anhängern Empörung. Diese Ausdrucksform, die seinem Witz entgegenkam, widerstrebte doch seinem Harmoniebedürfnis und blieb daher eine Episode.

Welhavens lyrische Sprache ist von anschmiegsamer Musikalität; sie erzielt Klangeffekte, die in der norwegischen Lyrik ihresgleichen suchen. Die unmittelbare Wirkungsgeschichte setzt bereits mit Henrik Ibsens Werk ein – nicht nur in dessen Lyrik, sondern auch in den Dramen. Ibsens *Wildente* rekurriert auf Welhavens »Søfuglen« (Der Wasservogel), und es gibt Parallelen zwischen Ibsens *Wenn wir Toten erwachen* und Welhavens Gedicht »Det lukkede land« (Das verschlossene Land). Im 20. Jh. fand Welhavens Produktion lange wenig Beachtung. Erst in der Zeit nach dem Zweiten Weltkrieg kam es zu einer Neubewertung und nachhaltigen Kanonisierung, die sich in Neuausgaben und in einer Fülle literaturwissenschaftlicher Arbeiten manifestiert. KNUT BRYNHILDSVOLL / JOACHIM GRAGE

Carl Jonas Love Almqvist

* 28. November 1793 in Stockholm (Schweden)
† 29. Juni 1866 in Bremen (Deutschland)

(auch: Karl Jonas Love Almkvist; Pseudo. Lewis Gustavi; Carl West-
man) – 1815 Studienabschluss in Uppsala; Pastor; Beamter, Schulrektor
und Journalist in Stockholm; 1851 Verwicklung in einen Giftmordver-
such, Flucht nach Amerika; ab 1854 in Philadelphia; ab 1865 in Bremen;
Verfasser von Schlüsselromanen der schwedischen Frühromantik, des
poetischen Realismus sowie der ersten Feuilletonromane Schwedens;
veröffentlichte einen Großteil seiner Produktion im Rahmen seines
insgesamt 17 Bände umfassenden Kompilationswerks *Törnrosens bok*,
1832–1851 (Buch der Heckenrose).

Das Geschmeide der Königin / Drottningens juvelsmycke eller Azouras Lazuli Tintomara. Romantiserad Berättelse om händelser näst före, under och efter Konung Gustaf IIIs mord

Der Roman erschien 1834 als vierter Band des Sammelwerks *Törnrosens
bok*. Dieser Band, von dem 1834 schon zwei divergierende Auflagen
vorlagen, wurde in zwei Heften mit markant unterschiedlichen Titel-
blättern publiziert. Schon die ungewöhnliche Gattungsbezeichnung
»Romaunt oder romantisierende Erzählungen«, die diese Titelblätter
anführen, deuten an, dass Almqvist mit diesem Buch den romantischen Roman auf die Spitze zu treiben versuchte. Der Text vereinigt
nicht nur eine Vielzahl von dramatischen, lyrischen und epischen
Elementen, sondern enthält auch Musiknoten und zitiert Rechts-
dokumente.

Im Untertitel des zweiten Bandes der Originalausgabe wird der
historische Rahmen der Romanhandlung abgesteckt. Der Roman
kreist um »Geschehnisse kurz vor, während und nach dem Tod
Gustafs III.« In der Tat bilden die Intrigen am Hof des schwedischen
Königs sowie dessen Ermordung auf einem Opernball wesentliche
Bestandteile der Handlung. Schlüsselfigur ist jedoch nicht der König,
sondern die schillernde Gestalt Tintomara, die im Text bezeichnenderweise mit einer ganzen Reihe von Namen tituliert wird. Als Kind

des Theaters bleibt Tintomara in jeglicher Beziehung unfassbar. Sie entzieht sich nicht nur der Geschlechterdifferenz, sondern auch der Zuschreibung als keusches androgynes Wesen. Sie verkörpert gleichermaßen reine Künstlichkeit wie (tierische) Natürlichkeit.

Der Roman führt Tintomaras Polyvalenz deutlich auf Projektionen der anderen Figuren des Textes zurück. So zieht sie das Begehren von zwei Paaren auf sich: Sowohl die beiden Schwestern Adolfine und Amanda wie ihre Liebhaber, die in das Mordkomplott gegen Gustaf III. verwickelten Offiziere Clas Henric und Ferdinand, verlieben sich in sie. Sie versucht, aus dem komplexen Beziehungsgeflecht dieses ›Fünfecksverhältnisses‹ zu fliehen, gerät jedoch als vermeintliche Halbschwester des neuen jungen Königs Gustaf Adolf IV. durch ihre Flucht in eine politische Intrige. Wieder wird sie zum zentralen Objekt des Begehrens in einem durch vier Positionen definierten Kräftefeld, das sich zwischen dem König, der Hofdame Rudensköld sowie dem Herzog Karl und dem Intriganten Reuterholm aufspannt.

Schon in dem einleitenden Rahmengespräch macht der Erzähler darauf aufmerksam, dass es ihm in erster Linie darum gehe, ein Sittengemälde des späten 18. Jh.s zu liefern. Geschildert wird die Theatralität einer aristokratischen Rokoko-Kultur, in der die Differenz zwischen Schauspiel und Realität, Sein und Schein konsequent aufgelöst ist. So wird die Handlung über Verwechslungen, Verkleidungen, unberechtigte Eifersuchtsdramen und ausgeklügelte Intrigen vorangetrieben. Tintomaras Ende ist symptomatisch für den ganzen Roman. Für ein geringfügiges Vergehen soll sie mit einer Scheinhinrichtung bestraft werden, die sich versehentlich in eine reale Todesstrafe verwandelt.

Der Roman ist nicht nur durch auffällige Strukturäquivalenzen in den einzelnen Handlungssträngen geprägt. Im Text selbst wird dieses Strukturprinzip motivisch reflektiert. So werden die Fünfecksverhältnisse, in deren Mitte sich Tintomara verfängt, nicht nur durch allerlei Zeichen – Spielkarten (Kreuz-, Pik- und Herz-Fünf) und Geheimcodes (Andreaskreuz, graphische Signale »X+X« etc.) – abgebildet, sondern im Geschehen selbst noch einmal inszeniert, etwa wenn Tintomara in einem Ballett auftreten soll, in dem sie eine schöne, von vier Häschern verfolgte ›Wilde‹ spielt. Mit der Figur der sich allen Zuschreibungen

entziehenden Tintomara bildet der Roman schließlich den scheitern-
den Akt des Lesens – d.h. den Versuch des Lesers, dem Text einen spe-
zifischen Sinn zuzuschreiben – selbst romantisch-ironisch ab.

Aufgrund seiner formalen Qualitäten sowie seiner ausgeklügelten
selbstreflexiven Strategien kann *Drottningens juvelsmycke* als bedeutendster Roman der schwedischen Romantik bezeichnet werden.
KLAUS MÜLLER-WILLE

Die Woche mit Sara / Det går an. En tafla ur lifvet

Die erste Version des Romans sollte bereits 1838 publiziert werden,
doch die Auflage wurde inhibiert. 1839 erschien das Buch in einer revi-
dierten Fassung. Eine dritte Variante, der die meisten Neuauflagen des
Textes im 19. und 20. Jh. folgten, publizierte Almqvist 1850 im Rahmen
des dritten Bandes der ›Imperialoktavausgabe‹ seines Sammelwerks
Törnrosens bok.

Die Glasermeistertochter Sara Videbeck und der Sergeant Albert,
dessen Nachname bezeichnenderweise verschwiegen wird, begegnen
sich auf dem Mälarseedampfer »Yngve Frey«. Auf ihrer weiteren Reise
durch die zeitgenössische schwedische Provinz verlieben sich die
beiden ineinander. Im Zentrum der Novelle stehen aber weniger diese
Liebesgeschichte als vielmehr die Gespräche, die Sara und Albert über
die Liebe, Geschlechterrollen und vor allem über die Institution der
Ehe führen.

Dabei bezieht Sara explizit Stellung gegen die Ehe, die sie als Kind
eines zerrütteten Elternhauses zunächst einmal aus biographischen
Gründen ablehnt. Doch auch ökonomische Argumente werden ange-
führt, da Sara, die sich auf der Passagierliste des Dampfschiffes mit der
merkwürdigen Berufsbezeichnung »Glasermeistertochter« einträgt,
plant, die Leitung der Glaserei mit innovativen Verkaufsideen zu
übernehmen. Sie möchte dieses Geschäft nicht durch die Unwägbarkeiten einer Ehe gefährden. Schließlich spricht sie sich gegen diese
Institution aus, da sich in ihr das Sein und Wesen der Liebe stets in
Schein und bloßen Namen zu verwandeln drohe. Alle Argumente
konvergieren in einem unbedingten Autonomieanspruch und dem
Diktum, dass auf diesem Gebiet niemand über sein Gegenüber ver-
fügen dürfe. Am Ende des Romans lassen sich die Protagonisten auf

das Wagnis einer offenen Beziehung mit getrennten Wohnungen und Einkommen ein.

Die Publikation des Werkes zog nicht nur eine vehemente öffentliche Fehde nach sich. Mehrere konservative Autoren schrieben Fortsetzungsgeschichten, die die erschreckenden Folgen der nichtehelichen Beziehung zwischen Sara und Albert aufzeigen sollten. Stein des Anstoßes waren weniger die vagen Anspielungen auf außereheliche Sexualität als vielmehr Saras sachlich-nüchterne Argumentation, die mit einem Rollentausch im Sprachspiel der Liebe einhergeht, der die literarischen Formen imaginierter Weiblichkeit konsequenter unterwandert als die bekannten Bilder einer ›gefallenen Frau‹.

Im europäischen Kontext kann die Novelle auch als ungewöhnlich früher Beleg für eine gesellschaftspolitisch motivierte Emanzipationsliteratur verstanden werden. Das liberale Bekenntnis der Protagonistin wird deutlich in einen soziologischen Kontext eingebettet. Die Schilderung der unterschiedlichen Passagierklassen auf dem Dampfer, mit der die Novelle einsetzt, bietet ein Bild der schwedischen Gesellschaft um 1840. Sara wird von Albert immer wieder als ein »Zwischending« bezeichnet: Als typische Vertreterin des aufstrebenden Kleinbürgertums entzieht sie sich der herrschenden Klasseneinteilung und verkörpert auf diese Weise auch eine neue politische Identität.

In Skandinavien wird die Novelle – die sich durch einen unprätentiösen, mit vielen Dialogen aufgelockerten, mündlichen Erzählstil auszeichnet – zu Recht als Beleg für den frühen poetischen Realismus und als Vorläuferin der Emanzipationsliteratur des späten 19. Jh.s angesehen (Ibsen, Strindberg). Dennoch verweisen etwa die ausgeklügelte Glassymbolik, die den Roman durchzieht, sowie die streckenweise platonische Argumentationsweise der Protagonistin auf ein lebendiges idealistisch-romantisches Erbe.

In Schweden gehört *Det går an* schon seit Jahrzehnten zum klassischen Schulkanon. Im deutschsprachigen Raum erlebte das Buch unter dem Titel *Eine Woche mit Sara* kurioserweise erst zu Beginn des 21. Jh.s eine späte Rezeption. KLAUS MÜLLER-WILLE

Emil Aarestrup

* 4. Dezember 1800 in Kopenhagen (Dänemark)
† 21. Juli 1856 in Odense (Dänemark)

Arzt in Nysted, Sakskøbing und Odense; Vater von 12 Kindern; bedeutender Übersetzer Heines, Goethes und Byrons; zu Lebzeiten als Dichter fast unbekannt.

Das lyrische Werk

Obwohl er sich zur Spätromantik bekannte und trotz seiner Nähe zu zeittypischer Natursymbolik mit ihrer Projektion des Innenlebens auf die äußere Natur dichtete Aarestrup keine Idyllen im Geist des Biedermeier. Sein Werk unterscheidet sich deutlich von der dänischen Literatur seiner Zeit, und er wurde zum großen Erneuerer der erotischen Lyrik.

Seine Unabhängigkeit von formalen und inhaltlichen Konventionen hängt vielleicht auch damit zusammen, dass er nicht für die Öffentlichkeit schrieb: Lange Zeit wollte er seine Gedichte mit Rücksicht auf seine gesellschaftliche Stellung als Arzt nicht publizieren. Nur die Sammlung *Digte*, 1838 (Gedichte), gab er selbst heraus. Sie erregte zwar Aufsehen bei literarischen Freunden und in Liebhaberkreisen, wurde von der zeitgenössischen Kritik jedoch nicht wahrgenommen. Diese Isolation spiegelt sich auch im Werk selbst, aus dem das bürgerliche Alltagsleben sorgfältig ausgeklammert wird. So entsteht eine künstlich arrangierte Welt der Schönheit, deren Zentrum vielfältige erotische Erlebnisse bilden.

Seine große Formgewandtheit verdankt Aarestrup auch seiner Arbeit als Übersetzer bedeutender europäischer Lyriker der Zeit, namentlich Heines, aber auch Goethes und Lord Byrons (auch hier unter weitgehender Konzentration auf erotische Verse). In eigenen und übersetzten Gedichten benutzt er eine Vielzahl verschiedener Metren und Strophenformen. Seinem Sensualismus wie seinem virtuosen Geschick entspricht besonders das italienische Ritornell, eine dreizeilige Strophe mit dem Reimschema a–b–a, in dem die Nennung einer Blume mit einer mehr oder minder offensichtlich erotischen Situation verbunden wird: »Blomst af Violen / I denne lille Lund ved

Veien, / Her kan vi skjule os for solen.« (»Veilchenblüte / In diesem kleinen Hain am Wege / Hier können wir uns vor der Sonne verbergen.«) Auch eine spanische Balladenstrophe handhabt er glanzvoll und formt sie so um, dass sie in der dänischen Metrik als »Aarestrup-Strophe« bekannt ist. Mit dieser geschmeidigen und freien Verwendung von Rhythmen und Klängen weist seine Verstechnik auf die modernistische Lyrik Dänemarks voraus.

Haupt- und Schlussstück der Sammlung Digte ist der 51 Gedichte umfassende Zyklus »Erotiske Situationer« (Erotische Situationen), eine Art Versnovelle, vielleicht nach dem Vorbild von Lord Byrons Tales, die um die Spannung von Traum und Wirklichkeit kreist und mit der Möglichkeit spielt, durch die Poesie eine ästhetische Alternative zu schaffen. Der erotischen Traumwelt des Subjekts entspricht die Verkettung intensiver Augenblickserlebnisse, die in impressionistischer Sinnlichkeit beschrieben werden. Mit der Vergegenwärtigung einer Liebesgeschichte zwischen Sprecher und angeredetem Mädchen – Begegnung, Hingabe, Trennung – werden zugleich die unterschiedlichen Weltbilder der beiden skizziert. Trauernd über Krankheit und Tod des Mädchens kehrt der Sprecher zurück in die Einsamkeit der Natur. Mit dem Schlussgedicht »Det Sidste« (Das Letzte) erreicht die Beziehung der Liebenden eine höhere Ebene: Der physische Verlust führt zu einer umso stärkeren Präsenz des geliebten »Du« in Erinnerung, Traum und Gedicht.

Auch einzelne Gedichte sind thematisch oft eng verbunden. Immer wieder erscheint als Symbol die Schlange, zugleich als Phallussymbol und als Anspielung auf die Genesis, auch wenn sich Aarestrup im Übrigen von der christlichen Sündenlehre distanziert: »die Verführung zur Erkenntnis«, d. h. hier zur sexuellen Erfahrung, und »der Verlust« der Identität in der Hingabe führen zum Verlust des Lebens. Immer wieder verbinden sich Sexualität (als gesteigertes Leben) und Tod ebenso wie Lust und Angst. Man kann in seinem Œuvre einen monistischen Zug entdecken: »Livsglæden og Dødsangsten / i en Buket forenet« (Lebensfreude und Todesangst / in einem Strauß vereint). Auch mit dieser Auffassung von der Doppelgesichtigkeit des Eros ist Aarestrup bereits ein Vorläufer des Modernismus.
CHARLOTTE SVENDSTRUP-LUND

Johan Vilhelm Snellman

* 12. Mai 1806 in Stockholm (Schweden)
† 4. Juli 1881 in Kirkkonummi (Finnland)

Philosophie- und Geschichtsstudium in Turku und Helsinki; 1844–1862 Herausgeber verschiedener freiheitlich-liberaler Zeitschriften; Vertreter des Hegelianismus in Skandinavien; ab 1856 Lehrstuhl für Philosophie an der Universität Helsinki; 1863–1868 Mitglied im finnischen Senat mit der Funktion eines Finanzministers; arbeitete in allen Bereichen seines Wirkens für die Herausbildung einer finnischen nationalen Identität, wobei die Durchsetzung des Finnischen als Amtssprache zu seinen nachhaltigsten Erfolgen gehört.

Das erzählerische Werk

Das erzählerische Werk des Autors umfasst nur einen Roman und eine Handvoll Erzählungen, die zwischen 1840 und 1846 erschienen. Wesentlich umfangreicher war sein Wirken als Journalist, als Philosoph und später als Politiker im russischen Großfürstentum Finnland. All seine Kraft widmete er der finnischen Sache, wobei er nicht für politische Unabhängigkeit kämpfte, sondern auf der Basis eines hegelianischen Staatsverständnisses für eine eigenständige kulturelle Identität eintrat.

In diesem Zusammenhang müssen auch seine ästhetisch am Realismus orientierten Erzählungen gesehen werden, die im Feuilleton von *Saima* erschienen, der ersten politischen Zeitung Finnlands, die Snellman von 1844 bis 1846 herausgab. Mit dem Ziel, bei seinen Lesern das nationale Selbstbewusstsein zu stärken, ließ er die Erzählungen in finnischem Milieu spielen und wählte zum Teil Akteure, die nicht aus der schwedischsprachigen Oberschicht stammen. Drei der Erzählungen etwa – »Fienderne«, 1844 (Die Feinde), »Spionen«, 1845 (Der Spion), und »Den svagas styrka«, 1845 (Des Schwachen Stärke) – nehmen in patriotischer Weise Motive des schwedisch-russischen Krieges von 1808/09 auf, durch den Finnland an Russland fiel. In »Kärlek och brott«, 1844/45 (Liebe und Verbrechen), findet sich eine Konversation auf Finnisch, die nicht in die Erzählsprache Schwedisch übersetzt wird.

Snellman teilte seine Dissertation *Läran om staten*, 1842 (Die Lehre vom Staat), in die drei Kapitel »Familie«, »Gesellschaft« und »Staat« ein. Inspiriert von Georg Wilhelm Friedrich Hegels Rechtsphilosophie interpretiert er den Staat als Nation, in der der Mensch die Zwänge und Gesetze der Gesellschaft in patriotische Begeisterung für die nationale Kultur überführt. Die durch Liebe geprägte Familie wiederum geht dem Gesellschaftszwang voraus, so dass der Mensch als Kind Gemeinschaft als ebenso frei erfährt, wie er sie später als Erwachsener in der Gemeinschaft des Staates erlebt, so dass die funktionierende Familie das nationale Zusammenspiel vorbereitet.

Verorten sich die erwähnten Erzählungen im Übergang von Gesellschaft und Staat, greift Snellman in seinem Roman ein Eheverständnis an, das das Zusammenleben von Mann und Frau einzig durch romantische Liebe rechtfertigen will. Als Hegelianer legt er Gewicht auf die Realisierung und damit Stabilisierung der individuellen Liebe in der gesellschaftlichen Institution. Deshalb war ihm der Skandalroman seines Freundes C. J. L. Almqvist, *Det går an. En tavla ur livet* (1839), zuwider, in dem sich der Sergeant Albert in die Glasermeisterin Sara Videbeck verliebt und auf ihren Vorschlag eingeht, in ›freier Liebe‹ zusammenzuleben. Snellman reagierte mit einer bissigironischen Fortsetzung, die er 1840 unter gleichem Titel und im gleichen Layout wie Almqvists Original publizierte: *Det går an. En tafla ur livet. Fortsättning* (Es geht an. Ein Bild aus dem Leben. Fortsetzung). Sarkastisch wird hier geschildert, wie alle Figuren zugrunde gehen: Sara stirbt an Überarbeitung, weil sie die finanzielle Verantwortung für die gemeinsamen Kinder allein übernehmen will; seiner Funktion als Vater und Ehemann beraubt, fehlt Albert eine Lebensaufgabe, so dass er eine weitere nicht legalisierte Ehe mit Celestine eingeht. Doch auch diese Beziehung scheitert; Albert wird alkoholabhängig und stürzt sich in den Fluss, Celestine endet in der Prostitution.

Snellmans Kritik an Almqvist wendet sich gegen ein Liebesverständnis, das die gesellschaftliche Wirklichkeit ausblendet. Konsequenterweise spielt bei ihm das durch Romanlektüre verbildete Bürgermädchen Celestine eine weit größere Rolle als die bodenständige Sara. Den Höhepunkt der Polemik erreicht Snellmans Roman, wenn Almqvist als »Rektor oder Lektor« im blauen Pelz auftritt – und zwar als Celestines früherer Liebhaber. Nicht zuletzt deshalb fand die Freundschaft zwischen den beiden Autoren ein jähes Ende.

JOACHIM SCHIEDERMAIR

Søren Kierkegaard

* 5. Mai 1813 in Kopenhagen (Dänemark)
† 11. November 1855 in Kopenhagen (Dänemark)

Studium der Theologie und Philosophie in Kopenhagen; Literat und Dandy; 1841 Auflösung der Verlobung mit Regine Olsen aus religiösen Gründen (Anlass zu Reflexionen in mehreren Schriften); 1841 Begegnung mit Schelling; genialer Einzelgänger von rastloser Produktivität; Verbindung von theologischer, philosophischer und psychologischer Reflexion mit literarischer Gestaltungskraft; zunehmende Distanzierung von der Staatskirche; gilt als Begründer der Existenzphilosophie und Vordenker der Dialektischen Theologie.

Über den Begriff der Ironie mit ständiger Rücksicht auf Sokrates / Om Begrebet Ironi med stadigt Hensyn til Socrates

Mit der 1841 erschienenen Untersuchung erwarb Kierkegaard den dem Doktorgrad entsprechenden philosophischen Magistergrad an der Universität Kopenhagen. Durch die Lektüre Hamanns und durch seinen Lehrer Poul M. Møller wurde sein Interesse für Sokrates und das Problem der Ironie schon um 1837 geweckt. Für ihn stellte sich damit zugleich ein sehr persönliches Problem, nachdem er sich vom Christentum ab- und der deutschen Romantik zugewandt hatte. In seiner Abrechnung mit der Romantik und seiner eigenen romantisch-ästhetischen Phase stützt er sich auf Hegel. Der ›Hegelianismus‹ der Dissertation ist sehr unterschiedlich beurteilt worden: im Sinne einer weitgehenden Abhängigkeit von Hegel, aber auch einer beginnenden Auseinandersetzung mit ihm. Entscheidend ist die Bewertung der Ironie. Im Gegensatz zu Hegel, der sie nach Kierkegaards Auffassung zu einseitig unter dem Aspekt ihrer romantischen Erscheinungsform betrachte, versucht Kierkegaard, ihre weltgeschichtliche Gültigkeit und ihre Bedeutung für das persönliche Leben nachzuweisen.

Die Schrift gliedert sich in zwei Teile. Im ersten Teil beschreibt Kierkegaard, von Platon und Xenophon ausgehend, die Existenz des Sokrates innerhalb einer geschichtlichen Situation, die durch die Auflösung des klassischen Griechentums bestimmt ist. Anknüpfend an

Hegel, deutet er den sokratischen Standpunkt als »unendliche absolute Negativität« und unterstreicht die absolute Negativität, die jedoch situativ notwendig und also geschichtlich gerechtfertigt sei, da nur in ihr die Subjektivität und Idealität geltend gemacht werden könne. Während der erste Teil gleichsam das Entstehen des Begriffs der Ironie darstellt, gibt der zweite zunächst eine Begriffsbestimmung, um anschließend zu beweisen, dass ›Ironie‹ die zutreffende Bezeichnung für den zuvor beschriebenen sokratischen Standpunkt sei. Danach untersucht er die romantische Ironie, die nicht eine neue Subjektivität, sondern einen schlechten Subjektivismus begründet habe, die darum »nicht im Dienste des Weltgeistes« stehe und also geschichtlich unberechtigt sei. In einer Auseinandersetzung mit Friedrich Schlegels *Lucinde* (1799), mit Tieck und Solger, in der er den romantischen Protest gegen eine verbürgerlichte Welt durchaus positiv bewertet, entwickelt er, wie die romantische Ironie zu einer bedenklichen Mythisierung der Geschichte und zum Verlust der Wirklichkeit führe. Er will nur noch die Ironie als »beherrschtes Moment« gelten lassen, wie sie vor allem bei Shakespeare, aber auch bei Goethe oder J. L. Heiberg wirksam geworden sei. So verstanden sei sie, gerade in einem Zeitalter der objektiven Wissenschaftlichkeit, für den Menschen unentbehrlich als der »absolute Beginn des persönlichen Lebens«.

86

Kierkegaard zählte die Dissertation nicht zu seinem eigentlichen schriftstellerischen Werk, das er erst mit *Enten-Eller* beginnen ließ. Deutlich zeichnet sich aber schon hier die Thematik der verschiedenen Lebensanschauungen oder ›Stadien‹ ab.   HEINRICH FAUTECK

Entweder – Oder. Ein Lebens-Fragment / Enten – Eller. Et Livs-Fragment, udgivet af Victor Eremita

Der Titel der 1843 erschienenen philosophischen Schrift deutet eine Alternative von ästhetischer und ethischer Existenz an. Beide werden jedoch nicht abstrakt-begrifflich entwickelt, sondern gehen aus der Selbstdarstellung zweier Personen hervor. Die Papiere des Ästhetikers (und fiktiven Herausgebers) Victor Eremita, kurz »A«, setzen sich aus verschiedenen Textstücken zusammen: den »Diapsalmata«, aphoristischen Aufzeichnungen; der Studie über »Die unmittelbaren erotischen Stadien oder Das Musikalisch-Erotische« (besonders zu

Mozarts *Don Giovanni*, 1787); dem Vortrag »Der Reflex des antiken Tragischen im modernen Tragischen«, der am Beispiel der Antigone Schuld und Angst erörtert; der Rede »Schattenrisse« über unglückliche Liebe in den Frauenschicksalen Marie Beaumarchais', Donna Elviras und Gretchens; der Ansprache »Der Unglücklichste«; zwei Abhandlungen über Eugène Scribes Lustspiel *Les premières amours*, 1825 (*Die erste Liebe*, 1991), sowie über den »Versuch einer sozialen Klugheitslehre«. Sie enden mit dem (später mehrfach separat publizierten) »Tagebuch des Verführers«, in dem der junge Johannes minutiös berichtet, wie er mit den Gefühlen eines jungen Mädchens experimentiert: Als unbeteiligtem ›Regisseur‹ geht es ihm lediglich um den Genuss, und als er nach Erreichung seines Ziels Cordelias überdrüssig ist, manipuliert er sie wiederum, bis sie das Verhältnis von sich aus abbricht, in der Meinung, es sei allein ihr Entschluss.

Die Papiere des Ethikers, genannt »B«, bestehen ausschließlich aus Briefen an A: »Die ästhetische Gültigkeit der Ehe«, »Das Gleichgewicht zwischen dem Ästhetischen und dem Ethischen«, »Das Erbauliche, welches in dem Gedanken liegt, daß wir Gott gegenüber allezeit Unrecht haben«. Die ästhetische Existenzweise ist noch vorsittlich, da sie nicht frei gewählt wurde: Unmittelbar betrachtet ist der Mensch immer schon ästhetisch bestimmt; er muss sich die Welt durch seine Sinne ›einverleiben‹ und nach Erfüllung seines Begehrens streben – unreflektiert (Don Juan) oder reflektiert (Faust, A, Johannes der Verführer). A, dem es nur um »das Interessante« geht, genießt sich selbst in seiner Intellektualität, ohne jedoch eine seinem absoluten Anspruch genügende Befriedigung zu finden. Er sucht den Sinn seines Lebens vergeblich und verzweifelt in Ermangelung eines unbedingt verbindlichen Handlungsmaßstabs. Der Ethiker B, der diese Lebensform bereits überwunden hat, versucht, A den Weg aus der ›Leere‹ zu zeigen: Wer sich vom Lustprinzip bestimmen lässt, bleibt ein unfreies »Spielzeug für die Launen seiner Willkür«. Erst ein Akt autonomer Selbstbestimmung eröffnet eine ethisch verantwortete Lebensform, als »Wahl, mit der man Gut und Böse wählt oder [...] abtut«, also »das Wollen wählt«: Sittlichkeit als frei bejahtes normatives Prinzip aller Willensbildung in den Kategorien des Guten und Bösen. Gegenstand der Wahl ist »das Selbst [...] in seiner ewigen Gültigkeit«; so öffnet sie die Zukunft als »mögliche Freiheitsgeschichte«, in der der Einzelne seine Endlichkeit transzendiert. Dieses ethische Selbstverhältnis hat sowohl eine religiöse als auch eine soziale Dimension, die B an Ehe und Beruf exemplifiziert: Wer sich selbst unbedingt gewählt hat, will als Freier unter Freien leben, die ihre Praxis voreinander rechtfertigen.

Enten – Eller ist hervorgegangen aus der Kritik am ethischen Defizit der romantischen Liebe, wie sie in Friedrich Schlegels *Lucinde* (1799) geschildert wird, und der Ablehnung der Vermittlungsthese Hegels, die anstelle des sittlichen ›Entweder – Oder‹ das ›Sowohl-als-Auch‹ des spekulativen Gedankens setzt. Die religiöse als eine eigenständige Existenzweise stellte Kierkegaard in *Stadier paa Livets Vei* (1845) dar. Das Problem der ethischen Selbstwahl verarbeitete Max Frisch in seinem Roman *Stiller* (1954) in enger Anlehnung an Kierkegaards *Enten – Eller*. ANNEMARIE PIEPER

Furcht und Zittern. Dialektische Lyrik von Johannes de Silentio / Frygt og Bæven. Dialektisk Lyrik af Johannes de Silentio

Die 1843 veröffentlichte Abhandlung versucht, das Wesen des Glaubens neu zu bestimmen. Als Grundlage seiner Analyse wählt der Verfasser die biblische Erzählung von Abraham, der von Gott den Befehl erhält, auf den Berg Morija zu gehen und dort seinen Sohn Isaak zu opfern. Sie soll die Dialektik des Glaubens darstellen und zeigen, »welch ungeheures Paradox der Glaube ist, ein Paradox, das einen Mord zu einer heiligen und gottwohlgefälligen Handlung machen kann«. Abraham befindet sich in einer Situation, in der er sich entscheiden muss zwischen einer ethischen Pflicht (seinen Sohn zu lieben) und der religiösen Pflicht (Gott zu gehorchen und seinen Sohn zu opfern). Aus diesem unlösbaren Dilemma erwachsen die Angst und die Anfechtung, ohne die Abraham nicht zu verstehen ist und ohne die es Glauben nicht gibt. Das damit verbundene Dialektische wird in dem »Problemata« überschriebenen Hauptteil des Werkes unter drei Fragen erörtert: 1. »Gibt es eine teleologische Suspension des Ethischen?« 2. »Gibt es eine absolute Pflicht gegen Gott?« 3. »Konnte Abraham es ethisch verantworten, daß er Sara, Elieser, Isaak sein Vorhaben verschwieg?« – Die teleologische Suspension des Ethischen hat ihren Grund in dem Paradox des Glaubens, dass der Einzelne höher ist als das Allgemeine und also ein »privates Verhältnis zur Gottheit« hat. Daraus ergibt sich auch die absolute Pflicht gegen Gott, durch die das Ethische nicht vernichtet, aber zu einem Relativum reduziert wird.

Es geht Kierkegaard auch in diesem Werk um die klare Abgrenzung der Kategorien. Seine Kritik wendet sich vor allem gegen den Glaubens- und auch den Wirklichkeitsbegriff Hegels und des Hegelianismus, auf dessen dänische Vertreter J. L. Heiberg und H. L. Martensen er mehrfach anspielt. Er kritisiert, dass die neuere Philosophie ›Glaube‹ als das ›Unmittelbare‹ verstehe, was leicht zur Verwechslung mit Gefühl, Stimmung, Idiosynkrasie oder »ästhetischer Rührung« führe. Demgegenüber bestimmt er den Glauben als einen Akt der Leidenschaft »kraft des Absurden«. Deutlich scheidet er darum den »Ritter des Glaubens« vom tragischen Helden, der innerhalb der Kategorie des Ethischen bleibt. Aufschlussreich und geistesgeschichtlich bedeutsam sind seine Betrachtungen über das »Interessante« als ›Grenzkategorie‹, als »ein Konfinium zwischen der Ästhetik und der Ethik« (vgl. Enten – Eller, 1843), über das ›Dämonische‹, zu dessen Charakteristik er sich der Geschichte von Agnete und dem Wassermann bedient, und über Goethes Faust, den er auf seine Weise umdichtet.

Trotz der in hohem Maße geistesgeschichtlich bedingten Thematik ist Frugt og Bæven ein sehr persönliches Werk, von dem Kierkegaard 1849 im Tagebuch notierte, es reproduziere sein eigenes Leben. Im Hintergrund steht die Trennung von seiner Verlobten Regine Olsen. Da er selbst »das Allgemeine« (nämlich durch eine Ehe) nicht realisieren konnte, musste das Problem der berechtigten Ausnahme und der teleologischen Suspension des Ethischen für ihn zu einem tief persönlichen Problem werden. Dass er seine Analyse in die Form der Dichtung und der Pseudonymie kleidet, dient teils der Distanzierung vom bloß Privaten, teils ist es durch die Sache bedingt: Die direkte Mitteilung widerspräche dem Wesen des Glaubens, der kein Wissen ist und also nicht gelehrt, sondern nur bezeugt werden kann. Glaubenszeuge aber vermag Johannes de Silentio nicht zu sein, da er selbst, eine romantische Natur, nur bis zum Stadium der Resignation, nicht aber zum Glauben gelangt ist.

Am selben Tag wie *Frugt og Bæven*, am 16. Oktober 1843, erschien auch *Gjentagelsen* (*Die Wiederholung*), in dem dasselbe Thema auf andere Weise behandelt wird.   HEINRICH FAUTECK

Der Begriff Angst / Begrebet Angest

In der 1844 erschienenen Abhandlung hat Kierkegaard, Andeutungen J. Böhmes, Schellings und Hamanns weiterführend, mit genialem Spürsinn ein Grundphänomen modernen Selbstverständnisses gültig formuliert und ›Angst‹ zugleich zum Schlüsselbegriff der krisenhaften Genese subjektiver Freiheit gemacht, indem er sie auf die theologische Lehre vom Sündenfall bezog.

Die zwischen Psychologie und Dogmatik schillernde Eigenart der Schrift wird einleitend daraus erklärt, dass die Sünde eigentlich in keine Wissenschaft, sondern in die Predigt gehöre. Diese Ungreifbarkeit hat das Thema mit der Freiheit gemein: eine unruhige Wirklichkeit, deren Möglichkeit stets nur nachträglich zu beschreiben, die aber selbst von nichts Vorausgehendem abzuleiten ist. Psychologisch kann allenfalls eine reale Disposition namhaft gemacht werden; die wirkliche Sünde kommt erst durch einen unableitbaren ›qualitativen Sprung‹ zustande. Der Begriff ›Angst‹ soll die bloße Annäherung an den Fall in Sünde psychologisch verständlich machen. Ist das Faktum eingetreten, nimmt die Dogmatik sich des Themas Sünde an, dessen Vorhandensein sie bereits voraussetzt. Diese Klärungen werden mit ständiger, witziger Polemik gegen das Hegel'sche Systemdenken vorgetragen, das alle qualitativen Unterschiede geistreich nivelliere.

Kierkegaard führt den Begriff Angst in seiner Deutung des biblischen Sündenfall-›Mythos‹ ein. Er findet hier die einzig folgerichtige Darstellung davon, dass die Sünde durch eine Sünde in die Welt gekommen sei bzw. komme. Wie die Freiheit aus nichts Vorhergehendem erklärbar, setzt die Sünde, indem sie ist, nur sich selbst voraus. Nachdem die Unschuld als anfängliche Unwissenheit des Menschen über sein ›Angelegtsein‹ dazu beschrieben worden ist, sich in seiner unmittelbaren leiblich-seelischen Verfassung ausdrücklich als Geist zu vollziehen, wird gezeigt, wie im »träumenden Geist« diese Bestimmung zu freier Welthaftigkeit als ein lockend-ängstigendes Nichts heimlich anwesend ist. Diesen zweideutigen Zustand meint – im

Unterschied zu gegenständlicher Furcht – der Begriff Angst: »sympathetische Antipathie und antipathetische Sympathie«. Subtil gelingt es Kierkegaard, anhand der Bibel (Genesis 3) psychologische Stadien der sich in sich vertiefenden, angstvollen Wahrnehmung dieses ›Nichts‹ zu differenzieren. Die immanente Potenzierung der Angst beschreibt immer intensivere Annäherungen an den Verlust der Unschuld, ohne dessen Faktum doch notwendig zu machen. Je reflektierter die Angst wird, umso mehr verdichtet sich ihr Gegenstand zu einem Etwas: einem »Komplex von Ahnungen«. Der Fall selbst, den jeder nur bei sich selbst verstehen kann, vollzieht sich in einem »Schwindel der Freiheit« angesichts der eigenen Bestimmtheit als endliches Sinnenwesen zur unendlichen Möglichkeit im Geist.

Das Buch verfolgt, wie die Angst sich auch im Fortschreiten der ›Erbsünde‹ auswirkt. Ein dialektisches Verständnis des Individuums ermöglicht die Vermittlung von Ursprünglichkeit der Sünde und ihrer Kontinuität in der Geschichte: Jeder ist »zugleich er selbst und das ganze Geschlecht«. Kierkegaards ungeheure Beobachtungs- und Diagnosefähigkeit führt den Darlegungen über den Beginn von Geschlechtlichkeit und Geschichte, über das reflektierte Anwachsen der Angst in der Generationenfolge, über Angst, Sinnlichkeit, Scham und Erotik im Griechentum und im Christentum eine psychologische Anschauungs- und Gedankenfülle zu, die diese Schrift zu seiner komplexesten machen. Das gilt auch für seine Einsichten in Zeitlichkeit und Ewigkeitsbezug (Kategorie des ›Augenblicks‹), Angst und Schicksal, Genie und Schuld. Einen Höhepunkt stellt die Entdeckung des ›Dämonischen‹ (Angst vor dem Guten) dar, dessen Symptome Verschlossenheit, Selbstfesselung der Freiheit, Langeweile usw. sind: ein Ausweichen vor dem »Ernst des Ewigen«.

Abschließend geht es um Angst als Gradmesser der »geisthaften Innerlichkeit«, die es insofern einzuüben gilt. Alle Endlichkeiten aufzehrend, bildet die Angst den Menschen zum erlösenden Glauben, der sich von Gott mit Hilfe der unendlichen Möglichkeit auf die Versöhnung hin erziehen lässt. Hier beginnt das Reich der Dogmatik, vor der die Psychologie sich begrenzt. *Begrebet Angest* beeinflusste Tiefenpsychologie, Philosophie (Heidegger, Jaspers, Sartre) und Theologie (Tillich) nachhaltig. JOACHIM RINGLEBEN

Peter Christen Asbjørnsen/ Jørgen Engebretsen Moe

Peter Christen Asbjørnsen

* 15. Januar 1812 in Hole (Norwegen)

† 6. Januar 1885 in Kristiansand (Norwegen)

Zoologiestudium; 1858 bis 1876 Forstmeister, Verfasser mehrerer naturwissenschaftlicher Aufsätze, u.a. zur Meeresbiologie; ab 1826 lebenslange Freundschaft mit J.E. Moe, gemeinsame Kompilation der historisch wichtigsten und bis heute maßgeblichen Sammlung norwegischer Volksmärchen und -sagen; gilt als Begründer der wissenschaftlichen Volksmärchenforschung in Norwegen.

Jørgen Engebretsen Moe

* 22. April 1813 in Hole (Norwegen)

† 27. März 1882 in Kristiansand (Norwegen)

Ab 1845 Professor der Theologie an der norwegischen Militärakademie, 1875 Bischof von Kristiansand; verfasste neben Gedichten auch eine Sammlung mit Erzählungen für Kinder; gilt als bedeutender Vertreter des poetischen Realismus in der norwegischen Lyrik. Seine literatur- wie kulturgeschichtlich wichtigste Leistung stellen die zusammen mit P.C. Asbjørnsen herausgegebenen Sammlungen norwegischer Volksmärchen dar.

Sämtliche Volksmärchen und Erzählungen aus Norwegen / Norske Folkeeventyr

(norw.; *Sämtliche Volksmärchen und Erzählungen aus Norwegen*, 2003, N. Qvam) – Die 1843/44 in einer ersten, unvollendet gebliebenen und 1852 in einer zweiten Ausgabe herausgegebene Volksmärchensammlung steht in der durch die Brüder Grimm maßgeblich geprägten Tradition europäischer Volksmärchensammlungen, die Märchen einen eigenständigen ästhetischen und kulturellen Wert zuschreibt. Die Texte sollen daher möglichst unverfälscht in ihrer ›Originalform‹ wiedergegeben werden, was jedoch eine teilweise recht weitgehende Bearbeitung durch die Herausgeber im Sinne einer ›Rekonstruktion‹

des Originals nicht ausschließt, die sich häufig deutlich von den mündlichen Quellen entfernt.

Auf der Suche nach solchen ›Originalformen‹, die sie bei den Märchenerzählern auf dem Lande anzutreffen hofften, unternahmen Asbjørnsen und Moe, finanziert durch staatliche Stipendien, weite, teilweise mehrjährige Reisen innerhalb Norwegens. Deren Ergebnis ist in der ersten Ausgabe der Sammlung (1843/44) der Versuch einer bloßen Verschriftlichung der ihnen mündlich vorgetragenen, ›unverfälschten‹ Rohfassungen. In der zweiten Auflage hingegen kommen vorsichtige Literarisierungen hinzu: Ausgehend von einer Haupterzählung werden Motive verschiedener Varianten verwendet, Sprichwörter und Redensarten eingeflochten, Personenschilderungen eingefügt. Vermutlich war es nicht zuletzt diese Bearbeitung, die der Ausgabe auch bei der kulturellen Elite Norwegens Anerkennung verschaffte und damit das Werk zu einem entscheidenden Beitrag zur Entwicklung einer norwegischen kulturellen Identität werden ließ. Die zweite Ausgabe enthält auch Moes umfangreiche Einleitung (die erste norwegische volkskundliche Abhandlung überhaupt), ausführliche Anmerkungen zu den Märchen und ihren jeweiligen Varianten sowie eine vergleichende Analyse auf der Grundlage des damals bekannten internationalen Variantenapparates. Die Mitteilungen über die Erzähler sind hingegen eher spärlich gehalten. Die Ausgabe enthält 58 und damit etwa ein Viertel der in Norwegen bekannten Märchentypen, wobei die ostnorwegische Märchentradition dominiert.

1879 stellte Asbjørnsen eine Auswahl der Märchen sowie der von ihm gesammelten Volkssagen zusammen (*Norske Folke- og Huldreeventyr i Udvalg*) und legte damit den Grundstein für die spätere Standardausgabe mit dem nicht ganz zutreffenden Titel *Samlede Eventyr* (Gesammelte Märchen). Auf dieser und einer dreibändigen Ausgabe für Kinder beruht die enorme Popularität der Märchen und Sagen, denen innerhalb der norwegischen Literatur- und Kulturgeschichte ein ähnlicher Stellenwert zukommt wie in der deutschen den *Kinder- und Hausmärchen* der Brüder Grimm. Sie besitzen eine nicht zu unterschätzende Bedeutung für die Ausbildung der norwegischen Schriftsprache.

Im Gefolge der Ausgaben von Asbjørnsen und Moe erschienen viele regionale und nationale Märchen- und Sagensammlungen, die allerdings in ihrem literarischen und wissenschaftlichen Wert sehr unterschiedlich zu beurteilen sind.   REIMUND KVIDELAND

Hans Christian Ørsted

* 14. August 1777 in Rudkøbing/Langeland (Dänemark)
† 9. März 1851 in Kopenhagen (Dänemark)

1799 Dissertation über Kants Naturmetaphysik; Reisen durch Europa;
Kontakte u. a. zu Schelling und J. W. Ritter; ab 1806 Professor für Physik in Kopenhagen; 1820 Entdeckung des Elektromagnetismus; 1829
Gründung der Technischen Universität Kopenhagen; Mittler zwischen Wissenschaft, Religion und Kunst; Engagement für die Anbindung idealistischer Naturphilosophie an die empirische Forschung.

Der Geist in der Natur / Aanden i Naturen

Die ab 1849 veröffentlichte zweibändige Sammlung von Dialogen,
Reden und Aufsätzen befasst sich u. a. mit Fragen der Ontologie, der
Religion, der Moral und der Ästhetik. Als Basis der Argumentation
dient eine Identitätsphilosophie Schelling'scher Prägung, wie Ørsted
sie z. B. in dem Dialog »Das Geistige im Körperlichen« entwickelt. Die
anti-atomistisch als ein System von Kräften und Wechselwirkungen
aufgefasste Natur ist – das verbürgen die den Prinzipien der Mathematik entsprechenden Naturgesetze – an sich vernünftig und keinesfalls nur durch die apriorischen Formen des erkennenden Subjekts
strukturiert. Vielmehr sind sowohl die Vernunft der Natur als auch die
Vernunft des Menschen »untrennbar vereint in dem schaffenden Gottesgedanken«, in der »lebende[n] Allvernunft«, die als Endzweck die
harmonische Ordnung der Welt begründet. Ausgehend von diesem
modernisierten Spinozismus erscheint, so der Titel einer Rede, »Die
Wissenschaftspflege als Religionsausübung« und wird das Erkennen
der Gesetz- und Zweckmäßigkeit der Natur zur Erkenntnis des sich
in dieser offenbarenden Schöpfers. Wie sich jedoch in Ørsteds den
zweiten Band einleitenden Entgegnungen auf eine Kritik des Bischofs
J. P. Mynster zeigt, bleibt diese Versöhnung von Wissenschaft und
Religion – entgegen Ørsteds Beteuerungen – dem Paradigma der
Rationalität verschrieben und lässt sich mit zentralen Aspekten der
christlichen Glaubenslehre kaum noch vereinbaren.
    Ähnlich ambivalent präsentieren sich auch die Ausführungen zur
Kunst. Zwar steht diese zunächst als gleichberechtigte Erkenntnis-

weise neben der Wissenschaft – auch sie ermöglicht Einsicht in das Wesen der Welt und damit Gotteserkenntnis. Doch dieses romantische Kunstverständnis gründet sich, durchaus typisch für die dänische Variante der Romantik, auf einer klassizistisch-rationalistischen Konzeption des Schönen, in der die (geometrischen Formen entsprechende) Symmetrie als »eine der umfassendsten Schönheitsformen« fungiert.

Ergänzt werden die systematisch angelegten Schriften durch wissenschafts- und geistesgeschichtliche Arbeiten, in denen die ebenfalls nach dem Modell von Kräften und Wechselwirkungen entworfene Geschichte als fortschreitende Vervollkommnung der Vernunft und der Moral verstanden wird. Dass Ørsted an diesem Prozess aktiv mitzuwirken gedachte, verdeutlichen nicht nur die Fragen der Bildung thematisierenden Reden. *Aanden i Naturen* zeichnet sich allgemein durch einen auch für nicht-akademische Leser eingängigen, bisweilen brillanten Stil aus. Dabei sichern die zahlreichen Beispiele, die mitunter den Charakter von erzählten Experimenten tragen, die Anbindung der Theorie an die Lebenswelt und entsprechen zugleich Ørsteds Intention, die Naturphilosophie empirisch zu fundieren.

Ørsteds Versuch, die Kohärenz der religiösen, wissenschaftlichen und ästhetischen Diskurse, die im Zuge der Modernisierung verloren zu gehen drohte, noch einmal zu sichern, trug erheblich zu seiner breiten Rezeption in den Kreisen der romantischen und romantizistischen Autoren Dänemarks bei. Als jedoch H.C. Andersen in seinem Reisebericht I *Sverrig* (1851) Ørsteds Ansatz der ›Versöhnung‹ aufgriff, deutete sich bereits an, dass auch diese nur noch Poesie sein könnte. PEER TRILCKE

Zacharias Topelius

* 14. August 1818 in Kuddnäs bei Nykarleby (Finnland)
† 12. März 1898 in Björkudden bei Sibbo (Finnland)

(auch: Zachris Topelius) – Privatschüler von Johann Ludvig Runeberg;
1833–1840 Geschichtsstudium in Helsinki, 1847 Promotion; 1841–1860
Redakteur; ab 1854 Professor für Geschichte an der Universität Helsinki; verfasste neben historischen Erzählungen auch Gedichte und
Kirchenlieder; im schwedischsprachigen Finnland wichtiger Vertreter
des ›Poetischen Realismus‹.

Die Erzählungen des Feldschers / Fältskärns berättelser

In der (nur in groben Umrissen ausgeführten) Rahmenhandlung
der zwischen 1851 und 1867 erschienenen fünfbändigen Sammlung
historischer Erzählungen erzählt der alte Feldscher, ein Zeitgenosse
und Anhänger Napoleons, an langen Winterabenden aus der Vergangenheit Finnlands. Er beginnt mit einer Geschichte aus dem Dreißig-
jährigen Krieg und berichtet von den Heldentaten Gustav II. Adolfs.
Unter den finnischen Streitern des Schwedenkönigs befindet sich der
junge Gustaf Bertila, Sohn eines reichen Bauern aus der finnischen
Landschaft Österbotten. Der alte bauernstolze Bertila, ein geschwore-
ner Feind der Aristokratie, hatte Karl IX., dem Vater Gustav II. Adolfs,
wertvolle Dienste geleistet, wofür er mit vier großen Höfen belohnt
wurde. Als sein tapferer Sohn von Gustav II. Adolf vor allen anderen
Soldaten ausgezeichnet und geadelt wird, enterbt ihn der Vater und
vermacht seinen Hof einem gewissen Larsson, dem Waffengefährten
seines Sohnes. Der junge Bertila selbst aber wird der Stammvater des
gräflichen Hauses Bertelsköld.

Die Erzählungen schildern die Schicksale dieser beiden
Geschlechter durch zwei Jahrhunderte finnisch-schwedischer
Geschichte. Auf den glanzvollen Aufstieg Schwedens zur Großmacht
unter Gustav II. Adolf und Königin Christina folgt die strenge Herr-
schaft Karls XI., die von schweren wirtschaftlichen Rückschlägen
und schrecklichen Hungersnöten gezeichnet ist. Der dritte Teil des
Zyklus ist der Regierungszeit des jungen, ritterlich-verwegenen
Königs Karl XII. gewidmet. Der Untergang des ›Kriegerkönigs‹ reißt

auch Finnland in den stürmischen Strudel, der Schweden nach dem Nordischen Krieg erfasst. Die Bertelskölds werden wie viele andere Finnlandschweden landflüchtig. Dann folgt die Zeit des langsamen Wiederaufbaus. Das Werk endet mit den ersten Jahren der Regierung Gustavs III.

Die Tatsache, dass die bewegte Handlung der historisch exakten und zugleich literarisch eindringlichen Miniaturen in einem ganz bestimmten, begrenzten Personenkreis spielt, verleiht dem gewaltigen Stoff trotz dessen Vielfalt eine erstaunliche Einheitlichkeit. Zu dieser inneren Einheit trägt wesentlich das Leitmotiv des ›Königsrings‹ bei, eines geheimnisvollen Kupferrings, den die Mutter des ersten Bertelsköld, eine Jugendliebe Gustav II. Adolfs, diesem zum Abschied schenkte. Der Ring, der nach der Überlieferung des Hauses Bertelsköld seinem Besitzer Ruhm und Reichtum bringt, ihn aber auch größten Gefahren aussetzt, spielt im gesamten Werk eine ebenso seltsame wie entscheidende Rolle.

Als Verehrer von Walter Scott und Victor Hugo verstand Topelius es meisterhaft, spätromantische Fabulierfreude mit exaktem geschichtlichen Realismus in Einklang zu bringen. *Fältskärns berättelser* gehörte lange Zeit zu den meistgelesenen Büchern in schwedischer Sprache, wozu nicht zuletzt auch die Umarbeitungen zur Jugendliteratur beitrugen. HELMUTH FAUST

Peter Andreas Munch

* 15. Dezember 1810 in Christiania (Oslo, Norwegen)
† 25. Mai 1868 in Rom (Italien)

Jurastudium und Archivarbeit in Kopenhagen; ab 1841 Professor für
Geschichte; trug als Historiker aufgrund umfangreicher Studien u. a.
in den Archiven des Vatikans maßgeblich zur Konstituierung des
neuen kulturell-politischen Nationalbewusstseins im unabhängig
gewordenen Norwegen bei; verfasste neben breit gefächerten kultur-
wissenschaftlichen Studien auch einflussreiche journalistische Arbeiten; Onkel des Malers Edvard Munch.

Geschichte des norwegischen Volkes / Det norske Folks Historie

Das von 1851 bis 1863 erschienene monumentale Werk über die Geschichte des norwegischen Volkes im Mittelalter blieb unvollendet.
Munch hatte geplant, eine Darstellung der Ereignisse bis 1536 zu
geben, als die Union beendet war und Norwegen Teil des dänischen
Reiches wurde. Die voluminösen acht Bände mit weit über 6000 Seiten, deren letzter postum erschien, reichen jedoch nur bis zur Kalmarer Union (1397).

Das Werk, mit dem Munch den Norwegern ein Bewusstsein von
der historischen Größe des eigenen Landes geben und das Identitäts-
bewusstsein eines Volkes stärken wollte, das »zu den ältesten Europas
gehöre«, war ein nationales Ereignis. Anknüpfend an Hypothesen
seines Lehrers Rudolf Keysers und letztlich Gerhard Schønings, be-
hauptete er eine Einwanderung der Norweger vom nördlichen Eis-
meer aus, womit eine Abgrenzung gegenüber Dänemark und den
Südgermanen markiert war. Gegen die Kritik vor allem des Publizisten Ludvig Kristensen Daa (»Om Professor Munchs anti-skandina-
viske Historik«, 1849; Über Professor Munchs anti-skandinavische
Geschichtsschreibung) und dänischer Historiker setzt Munch sich im
dritten Band heftig zur Wehr.

Munch knüpfte ausdrücklich an die deutsche historische Schule
und deren historisch-kritische Ausrichtung an. Als Quellen benutzte
er antike, spätantike und mittelalterliche Texte sowie die nordische

Sprachgeschichte, Saxo Grammaticus und die isländischen Sagas. Seine Stärke liegt in der Nacherzählung und kritischen Diskussion dieser Quellen. Wie Niebuhr, dem das Werk gewidmet ist, wollte er erzählen und nicht nur Ergebnisse mitteilen. Dabei strebte er eine breite kulturhistorische Darstellung an und die Vermittlung nicht nur der politischen, sondern der ›Volks-Geschichte‹. Dass er dabei häufig, etwa in der beschönigenden Darstellung der Wikingerzüge, zu eigenwilligen Schlüssen gelangte, ist seiner norwegischen National-Ideologie zuzuschreiben. Dennoch war er ein vorzüglicher Stilist; namentlich die Charakterisierungen seiner Figuren sind von großer Anschaulichkeit und literarischer Brillanz.

Det norske Folks Historie ist Ausdruck höchster nationaler Begeisterung, wie sie auch in den nationalhistorischen Dramen Henrik Ibsens, Bjørnsons und Andreas Munchs (dem Cousin des Historikers), die ihre Stoffe häufig aus eben diesem Werk bezogen, zum Ausdruck kommt. Ibsen hielt anlässlich der Errichtung einer Gedenkstatue in Rom eine Rede auf Munch; Bjørnson schrieb ein Erinnerungsgedicht auf ihn. Einem Bericht Andreas Munchs zufolge hatte Peter Andreas Munch schon frühzeitig den Wunsch geäußert, der »Herodot unseres Vaterlandes« zu werden. Das gelang ihm auf seine Weise tatsächlich. An der Proklamation, aber auch an der Erforschung der nationalen Kultur hat er, neben Ivar Aasen, M. B. Landstad, Asbjørnsen und Moe entscheidenden Anteil. HEIKO UECKER

Camilla Collett

* 23. Januar 1813 in Kristiansand (Norwegen)
† 6. März 1895 in Kristiania (Oslo, Norwegen)

Schwester von Henrik Wergeland; universelle Bildung, zahlreiche
Reisen; Liebesbeziehung zu Johan Welhaven, dem literarischen
Gegenspieler ihres Bruders, 1841 Heirat mit dem Juristen und Literaturkritiker P. J. Collett, aufgrund schwerer ökonomischer Probleme
freie Schriftstellerin; verfasste außer *Amtmandens Døtre* auch Erzählungen, eine Autobiographie (1863) und Essays insbesondere zum Thema
Frauenemanzipation; zusammen mit Amalie Skram wichtigste norwegische Autorin und Intellektuelle des 19. Jh.s.

Die Töchter des Amtmanns / Amtmandens Døtre.
En Fortælling

Die Handlung des 1855 anonym veröffentlichten Romans beginnt mit
der Ankunft des jungen Georg Cold im Haus des Amtmanns Ramm,
dessen Kinder er als Hauslehrer in der norwegischen Provinz unter-
richten soll. Die jüngste Tochter Sophie, von der pragmatischen Mutter als »wildes Kind« bezeichnet, möchte sich im Gegensatz zu ihren
drei Schwestern nicht widerstandslos den bürgerlichen Erziehungs-
prinzipien unterordnen. Kurz nach Colds Ankunft wird sie daher nach
Kopenhagen geschickt, wo sie den ›letzten Schliff‹ erhalten soll, um
ihre Attraktivität auf dem für die bürgerliche Frau der damaligen Zeit
so entscheidenden Heiratsmarkt zu erhöhen.

Drei Jahre später verlieben sich Sophie und Cold nach ihrer
Wiederbegegnung ineinander, doch erst durch das ungehobelte
Benehmen des alkoholabhängigen Lorenz Brandt, der sich für Sophie
interessiert, wird ihnen ihre gegenseitige Zuneigung bewusst. Nachdem zunächst Sophie ihre Gefühle gezeigt hat, erleben beide ein
paar glückliche Stunden, werden danach jedoch durch ein tragisches
Missverständnis getrennt: Cold verleugnet seine Liebe, um sich nicht
dem Zynismus seines misanthropischen Freundes Müller aussetzen
zu müssen. Zufällig wird Sophie Zeugin dieses Gesprächs, das sie als
Verrat auffasst, und bricht den Kontakt zu Cold ab, der bald darauf
desillusioniert nach Christiania zurückkehrt. Einige Zeit später hält

der 50-jährige Witwer Rein um Sophies Hand an, und sie lässt sich von ihrer Mutter überreden, dieser »guten Partie« zuzustimmen. Als Cold davon erfährt, bricht er zusammen. Erst unmittelbar vor der Hochzeit hat er die Kraft, erneut zum Amtmann zu reisen und Sophie alles zu erklären. Doch jetzt ist es zu spät: Sie kann sich dem Druck der Konventionen nicht mehr widersetzen und wird mit Rein verheiratet.

Der Roman, der bei seiner Erstveröffentlichung heftige Debatten auslöste, richtet sich gegen die Zwangsehe und fordert Respekt vor authentischen Neigungen. Die Autorin schildert exemplarisch Ehen ohne gefühlsmäßige Bindung, die durch gesellschaftliche Konventionen erzwungen wurden und illustriert, wie Frauen bereits durch ihre Erziehung in Passivität und Selbstverleugnung gedrängt wurden. In thematischer Hinsicht begründete sie damit in ihrer Heimat ihren Ruf als »weiblicher Henrik Ibsen« und als Vorreiterin der Frauenemanzipation, die bereits auf die Debatten des ›Modernen Durchbruchs‹ der 1870er und 1880er Jahre vorausweist. Literarhistorisch hingegen zeigt sich der Text aufgrund seines Bestrebens, nach dem Vorbild der Dänin Thomasine Gyllembourg Alltagsthemen in die Literatur einzuführen, deutlich dem skandinavischen poetischen Realismus verpflichtet. Die plastische Beschreibung des Milieus, des Lebens auf dem Amtmannshof oder die Schilderung von Ausflügen und Ballbesuchen etwa gehören in den Bereich dieser ›Alltagsgeschichten‹. Auch die Erzählhaltung entspricht weitgehend dem Zeitstil: Ein allwissender männlicher Erzähler wendet sich an ein Publikum, von dem eine gefühlsmäßige Identifikation mit den Protagonisten erwartet wird.

CHARLOTTE SVENDSTRUP-LUND

Hans Egede Schack

* 2. Februar 1820 in Sengeløse (Dänemark)

† 20. Juli 1859 in Schlangenbad bei Frankfurt a. M. (Deutschland)

Jurastudium, 1844 Examen; stand dem liberalen Panskandinavismus nahe; 1848 Mitglied der Reichsversammlung, danach bis 1853 Mitglied des dänischen Parlaments (Folketing); gegen Ende seines Lebens Vertreter konservativer Anschauungen; Verfasser zahlreicher politischer Schriften, gilt trotz seines extrem schmalen Œuvre (ein veröffentlichter Roman) als einer der wichtigsten Vertreter des ›Poetischen Realismus‹ in Dänemark.

Die Phantasten. Erzählung / Phantasterne. Fortælling

Der 1857 veröffentlichte Roman beginnt mit der Heraufbeschwörung einer symbolischen Szene: Der Erzähler Conrad erinnert sich an die uralte Eiche, unter der er sich als Junge mit seinen Freunden Christian und Thomas im ländlichen Dänemark der nachnapoleonischen Zeit um 1830 fast täglich getroffen hatte, die aber eines Nachts vom Sturm geknickt wurde. Ihre Überreste wurden als Brennholz an die Armen verteilt. Bald erweist sich diese sagenumwobene Eiche mit den 1000 Geschichten, die sie umranken, als ein Sinnbild für die drei Freunde. Conrad, der Neffe des Gutsbesitzers, Christian, der Pfarrerssohn, und Thomas, der Kuhhirte, sehen sich in ihrer von zügelloser Lektüre angeregten Einbildungskraft einmal als Generäle Napoleons und Gründer eines neuen Kaiserreichs mit der Hauptstadt Kopenhagen, dann wieder als Helden in einer exotischen Welt. Christian, der innerlich Reichste, fühlt sich zum Dichter berufen, und seine Freunde verfolgen mit ihm das Entstehen einer Novelle, die indes wiederum nur das Ergebnis hemmungsloser Phantasie und unverdauter Lesefrüchte ist. Nur Thomas erweist sich als nüchterner Realist, der dank seiner phantasievollen Freunde sein bescheidenes Weltbild erweitert und später daraus großen Nutzen zieht.

Die Idylle der drei Träumer endet, als Conrad nach Kopenhagen abreist, wo er bei der verwitweten Tante Therese wohnen und seinen Studien nachgehen soll. Hier erfindet er sich nun ein geheimnisvolles Liebesverhältnis zu dieser jungen Tante, das jedoch immer wieder vom Freidenker und Realisten Doktor Holm gestört wird. Erotik und literarische Attitüde vermischen sich in seinem imaginären Liebeserlebnis, das in einem wirklichen Kuss von Therese gipfelt. Mit ihrer Verlobung stürzt für Conrad eine Welt zusammen, und er flüchtet sich nun gänzlich in den Bereich seiner Einbildung. Übersteigerte sexuelle Vorstellungen lösen eine körperlich-seelische Krise aus, die schließlich durch eine Hinwendung zur Wirklichkeit langsam behoben wird.

Christian hingegen verstrickt sich immer mehr in eine politisch-dichterische Phantasiewelt, deren Hintergründe durchaus in der Realität der 1840er Jahre zu suchen sind. Er verliert jedoch völlig den Kontakt zur Wirklichkeit, und seine dichterische Anlage ist in Gefahr, sich in Wahn zu verwandeln. Conrad, der inzwischen das Landgut des Onkels geerbt hat, avanciert zum Ministerialbeamten und findet den Freund Christian tatsächlich eines Tages als Schizophrenen in einer Heilanstalt wieder. Thomas hingegen, der die Phantasien seiner Freunde realistisch als Bildungsgut genutzt hat, ist inzwischen sozial so hoch gestiegen, dass er die Tochter eines Bischofs (dieser ist der Ehemann der Tante Therese) zur Frau bekommt. Der bürgerliche Conrad aber heiratet die im Exil lebende spanische Prinzessin Blanca, nachdem sich ihre zunächst angezweifelte Legitimität erwiesen hat.

Schacks Roman ist ein bedeutender Beitrag zur Literatur des dänischen Realismus. Das Hauptmotiv der Flucht vor der Wirklichkeit in die Phantasie wird auf verschiedenen Ebenen konsequent durchgeführt und geht schließlich im Motiv der märchenhaften Heirat mit der spanischen Prinzessin offensichtlich in eine romanhafte Wirklichkeit über. Dabei werden die heterogenen Bestandteile des Vorgangs, Phantasie, Ironie, Satire und alltäglicher Realismus, auch auf den formalen Aufbau und die stilistische Behandlung übertragen, so dass die Einheit des Romans nur gelegentlich in Frage gestellt ist. FRITZ PAUL

Bjørnstjerne Bjørnson

* 8. Dezember 1832 in Kvikne (Norwegen)
† 26. April 1910 in Paris (Frankreich)

1857–1859 künstlerische Leitung des Theaters in Bergen; 1859 Gedicht
»Ja, vi elsker dette landet« (Ja, wir lieben dieses Land), das zum Text
der norwegischen Nationalhymne wurde; 1865–1867 künstlerische
Leitung des Kristiania-Theaters (Oslo); 1903 Literaturnobelpreis;
intensive Teilnahme an sozialen, politischen und literarischen Diskussionen (ca. 3000 Zeitungsartikel und unzählige Reden).

Die Bauernerzählungen

Unter diesem Begriff versteht man die zwischen 1857 und 1872 entstandenen zehn bis 15 Erzählungen des Autors, die alle im bäuerlichen
Milieu Norwegens spielen. Unter ihnen sind »Synnøve Solbakken«
(1857), »Arne« (1859) und »En glad Gut«, 1860 (»Ein froher Bursch«),
wegen ihrer Qualität und ihres Umfangs, der an den eines kleinen
Romans heranreicht, die gewichtigsten. Manchmal wird auch die 1869
erschienene, ebenfalls umfangreiche Novelle »Fiskerjenten« (»Das
Fischermädchen«) zu den Bauernerzählungen gerechnet, obwohl
diese, wie schon der Titel zeigt, nicht im Bauernmilieu spielt.

Zumal die drei großen Erzählungen weisen eine Reihe gemein-
samer Merkmale auf. Zum einen sind sie alle dem in Skandinavien
bereits seit den 1820er Jahren etablierten poetischen Realismus
zuzurechnen, dem es u.a. darum ging, an Sujets aus dem Alltagsleben
überindividuelle, ›höhere‹ Wahrheiten aufzuzeigen. Bjørnsons Protagonisten stammen allerdings nicht aus der ansonsten vom poetischen
Realismus bevorzugten sozialen Gruppierung, dem Bürgertum,
sondern eben aus dem Bauerntum, das in der Romantik noch Gegenstand einer unrealistischen Idealisierung gewesen war und dessen
Alltag von ihm nun zum ersten Mal detailliert geschildert wird. Seine
Texte sind daher im Kontext der zeitgleichen gesamteuropäischen
Heimatliteratur (wie etwa Auerbachs *Dorfgeschichten* u.a.) zu sehen.
Ferner handelt es sich bei allen drei großen Erzählungen um Formen
von ebenfalls für die Epoche typischen Entwicklungs- und Bildungs-
geschichten. Ihr Thema ist stets die problematische Sozialisation, die

in Bjørnsons Bauernerzählungen durch charakterliche ›Fehler‹ der durchweg männlichen Protagonisten bedroht ist. Die Texte zeigen, wie sie dennoch gelingen kann, wenn die ›Fehler‹ in einem inneren Entwicklungs- und Reifeprozess, stets initiiert durch den Einfluss der (erwiderten) Liebe zu einer geeigneten Partnerin, überwunden werden. Am Ende der Erzählungen steht daher – wiederum gattungs- und epochentypisch – die Heirat der Liebenden als Zeichen der geglückten Sozialisation.

Drittens schließlich arbeiten alle drei Bauernerzählungen mit symbolischen Eingangssequenzen, die das Grundthema der Erzählungen andeuten, deren Zusammenhang mit der Haupthandlung sich jedoch erst allmählich herausstellt. In »Synnøve Solbakken« ist in den ersten Sätzen von zwei gegenüberliegenden Höfen in einem »großen Tal« die Rede, von denen der eine hoch oben liegt und »auf den die Sonnenstrahlen fallen, von ihrem Auf- bis zu ihrem Untergang«, während der andere, in einem Fichtenwald gelegen und »dicht unter dem großen Fjell«, nicht mit solchen Vorzügen der Natur gesegnet ist. Von diesem »Granliden« (Fichtenabhang) kommt der jähzornige und zum Raufen aufgelegte Bauernsohn Torbjørn, der sich in Synnøve vom »Sonnenhügel« (»Solbakken«) verliebt. Hier werden scheinbar unüberwindliche, weil natürlich gegebene Gegensätze angedeutet, deren Überwindung durch die allmähliche Reifung des Benachteiligten und damit durch dessen zivilisatorische Emanzipation über die Natur die Pointe seines Entwicklungsprozesses darstellt.

In »En glad Gut« ist es das Thema des sozialen Aufstiegs als Vorbedingung für die glückliche Heirat, auf das durch die Eingangsszene vorausgedeutet wird: Der Häuslerjunge Øjvind hat einen kleinen Ziegenbock, der den Hang hinter dem elterlichen Hof hinaufklettert. Als Øjvind ihm folgt, trifft er die vierjährige Marit, Enkelin des reichen Ola Nordistuen auf den Heidhöfen, die ihm den Bock für einen Butterkringel abschwatzt. Wenig später bereut Øjvind, den Bock für diesen Preis hergegeben zu haben; erschöpft fällt er in Schlaf und träumt, der Bock sei ins Himmelreich gekommen, »während Øjvind alleine auf dem Dach saß und nicht hinauf konnte«. Die Erzählung handelt davon, wie er seinen zunächst ungezügelten und verzweifelten Ehrgeiz so zu steuern lernt, dass er der Heirat mit Marit, die ihm damals, nach seinem Traum, den Bock zurückgebracht hatte, für wert befunden werden kann.

Am komplexesten ist die vorausdeutende Eingangsszene in »Arne«. In Märchenform wird berichtet, wie der Wacholder andere Bäume dazu überredet, »das Fjell zu kleiden« und sich an seinen Hängen anzusiedeln. Das Fjell wehrt sich jedoch und schickt einen Bach, der die Bäume überflutet. Doch diese geben nicht auf. Nach vielen hundert Jahren haben sie schließlich ihr Ziel erreicht und sind auf dem Fjellplateau angekommen – doch was finden sie? Dort steht bereits ein Wald und wartet auf sie. »Ja, so ist es, wenn man ankommt‹, sagte der Wacholder.« Der Sinn dieser auf den ersten Blick rätselhaften Fabel enthüllt sich erst durch den Fortgang der tiefenpsychologisch motivierten Handlung: Arnes Vater, der Spielmann Nils, wird zum Alkoholiker, da er aufgrund eines sexuellen Abenteuers Birgit, die er eigentlich liebt, nicht bekommen kann. Frustriert und voller Hass auf beide beginnt er, Frau und Kind brutal zu misshandeln, bis er schließlich von Arne, der seine Mutter schützen will, erschlagen wird. Aus tiefem unbewussten Schuldgefühl heraus entsteht bei diesem daraufhin ein melancholisch geprägtes Fernweh, das sich in den klassischen Sehnsuchtsversen der norwegischen Literatur Luft verschafft: »ut, vil jeg! ut! – å, så langt, langt, langt / over de høje fjælle!« (»raus will ich, raus! – oh, so weit, weit, weit / über die hohen Berge!«) und erst durch die Liebe zu Birgits Tochter Eli gestillt wird. Ankommen, so ließe sich die Eingangsfabel ganz im Sinne aller Bauernerzählungen Bjørnsons deuten, heißt immer, sich durch eigenständige Entwicklungs›arbeit‹ den Platz in einer Gemeinschaft erkämpfen, die nicht neu gestiftet werden muss, sondern immer schon da ist.

Stilistisch und erzähltechnisch macht Bjørnson Anleihen sowohl bei den altisländischen Sagas als auch bei der norwegischen Volksliteratur, insbesondere den Volksmärchen, die er durch die Ausgaben von Asbjørnsen/Moe kannte. Die Darstellung wechselt zwischen reinen Erzählabschnitten, szenisch wiedergegebenen Dialogen sowie eingestreuten Gedichten, die ebenfalls vorausdeutende, die Handlung kommentierende oder einzelne Figuren charakterisierende Funktion besitzen.

Die Bauernerzählungen waren zu ihrer Erscheinungszeit sehr erfolgreich und veranlassten die ersten deutschen Übersetzungen norwegischer Literatur. Bjørnson selbst wollte sie als Beitrag zur Identitätsbildung des noch jungen norwegischen Staates verstanden wissen. Dazu trägt auch seine Sprache bei, die, obwohl noch dänisch geprägt, von zahlreichen Norwegizismen durchsetzt ist und zur Herausbildung einer norwegischen Schriftsprache beitragen sollte. Mit Sicherheit können die Bauernerzählungen zu den Meisterwerken des europäischen poetischen Realismus gezählt werden und stellen vielleicht sogar den Höhepunkt im Schaffen ihres Autors dar.
LUTZ RÜHLING

Über unsre Kraft. Schauspiel in zwei Teilen / Over ævne I und II

Die Entstehung der beiden selbständigen Teile des Dramenpaars muss vor dem Hintergrund von Bjørnsons Abkehr vom Christentum in der 1870er (*Over ævne* I, 1883, UA 1886) und seiner Hinwendung zum Sozialismus in den 1890er Jahren (*Over ævne* II, 1895, UA 1897) gesehen werden.

Der erste Teil spielt in einem Fischerdorf in Nordnorwegen. Dort hat Pastor Adolf Sang den Ruf eines vorbildlichen Christen mit der außergewöhnlichen Fähigkeit, Kranke durch Gebete zu heilen. Hinweise auf Charcots neueste psychologische Forschungen in Paris machen deutlich, dass es sich nicht um übernatürliche Wunder handelt, sondern dass Sang, ohne es selbst zu ahnen, über hypnotische Fähigkeiten verfügt, mit denen er psychische Blockaden der Gläubigen durchbrechen kann – mit einer Ausnahme: Seine eigene Frau Klara ist seit Jahren gelähmt und leidet an Schlaflosigkeit. Ihre Überempfindlichkeit für Gerüche und die Art ihrer Krämpfe sind Symptome, die auf ein hysterisches Leiden hindeuten. Die Handlung setzt ein, als Sang einen neuen Heilungsversuch an Klara durchführen will. Gleich mit dem Beginn des Gebets fällt sie in einen tiefen Schlaf. Das Wunder scheint sich anzubahnen und zieht eine große Schar Neugieriger an, darunter auch eine Reihe überheblicher und selbstzentrierter Geistlicher. Erst der Pfarrer Bratt führt ihnen den existenziellen Ernst der Situation vor Augen: Sangs Wunder könne zu einem entscheidenden Zeichen werden, das die skeptischen Menschen der Gegenwart von der Wahrheit des Christentums überzeugt. Damit trifft er Sangs Intention: »Wenn nur einer es wagte, – gäbe es da nicht tausende, die nachfolgten?« Tatsächlich erhebt sich Klara von ihrem Bett und geht ihrem Mann entgegen. Doch dann bricht sie tot zusammen, woraufhin auch Sang stirbt.

Mit *Over ævne* II transponiert Bjørnson die religiöse Thematik in eine sozialpolitische. Bratt hat den Pfarrberuf verlassen und kämpft in einer südnorwegischen Industriestadt als Streikführer gegen den machtlüsternen Fabrikbesitzer Holger für bessere Lebensbedingungen der Arbeiter. Durch sein selbstloses Handeln wird er für Rakel und Elias, die Kinder von Klara und Adolf Sang aus *Over ævne* I, zu einer Figur, die den Idealismus des Vaters in sozialistischer Gestalt weiterführt. Jedoch mit unterschiedlichen Ergebnissen: Elias glaubt weiterhin, dass eine große Tat die Geschichte verändern kann. Doch weil er die Humanität seines Vaters und Bratts verloren hat, sprengt er eine Gruppe von Fabrikbesitzern in die Luft. Rakel dagegen wird zum Vertreter eines wirklichkeitsorientierten Pragmatismus. Sie führt ein Krankenhaus, in dem sie auch Holger pflegt, den einzigen Überlebenden des Attentats. Sie verkündet eine Utopie der kleinen Schritte, in der sich die Lebenssituation der Massen mit Hilfe der Technik verbessern wird. Träger dieser Hoffung sind zwei junge Menschen mit den allegorischen Namen Credo (Ich glaube) und Spera (Du sollst hoffen), die sich ihr angeschlossen haben.

So sehr die beiden Dramen durch ihre religions- und wirtschaftssoziologische Thematik zu Bjørnsons gesellschaftskritischen Gegenwartsstücken im Geiste des Naturalismus zählen, berühren sie in ihren allegorischen Momenten auch Themen des historischen Dramas, jedoch in einer charakteristischen Abkehr von den bis dahin üblichen Gattungsmustern: Der Motor der Geschichte ist nicht mehr die große Persönlichkeit – auch nicht in der Gestalt des modisch gewordenen Übermenschen. JOACHIM SCHIEDERMAIR

Aasmund Olavsson Vinje

* 6. April 1818 in Vinje/Telemark (Norwegen)
† 30. Juli 1870 in Gran (Norwegen)

(auch: Aasmund Olavsson; Aasmund Olafsen) – 1836–1841 Wander-schullehrer, Viehhüter, Hofarbeiter; 1841–1843 Lehrerausbildung; 1844–1848 Lehrer in Mandal; 1847 erste Veröffentlichung; 1850 Abitur; 1850–1859 Anstellung bei *Drammens Tidende*; 1856 juristisches Examen; 1858–1870 Herausgabe des Wochenblatts *Dølen*; 1862–1863 Reise nach England und Schottland; 1865–1868 Sachbearbeiter im norwegischen Justizdepartement, nach Kritik an der Regierung entlassen; 1869 Ablehnung einer Dichtergage durch das Parlament.

Das sprachwissenschaftliche und literarische Werk

Am 18. Februar 1859 verabschiedete Vinje sich als Berichterstatter der dänischsprachigen Zeitschrift *Drammens Tidende* von seiner Leser-schaft und verkündete, künftig nur noch auf norwegisch – d. h. im ›landsmaal‹, dem späteren ›nynorsk‹ – publizieren zu wollen, und zwar in seiner kurz zuvor gegründeten Zeitschrift *Dølen*. Als Anlass gab er an, dass es zu dem erhofften langsamen Wandel von der offiziellen dänischen Schriftsprache zu einem sich an der Mündlichkeit orien-tierten Norwegisch vermutlich niemals kommen werde. Hintergrund war die auch nach dem Anschluss Norwegens an Schweden von 1814 bestehende Dominanz der dänischen Sprache in allen Bereichen der Schriftlichkeit.

Damit schloss sich Vinje spät an die norwegische National-romantik an. Bereits während seiner Zeit bei *Drammens Tidende* hatte er regelmäßig eine vereinheitlichende Verschriftlichung der norwe-gischen Dialekte im Sinne einer Nationalsprache gefordert. Anders als der Initiator der ›landsmaal‹-Bewegung, Ivar Aasen, verfasste er nie eine Sprachtheorie oder ein Regelwerk, sondern konzentrierte sich auf Zeitungsartikel, Gedichte und Reiseberichte. In *Ferdaminni fraa sumaren 1860*, 1861 (Reisebericht vom Sommer 1860), demonstrierte er den Gebrauch einer norwegischen Schriftsprache. Im Unterschied zu Aasen orientierte er sich dabei nicht am Altnordischen, sondern an den zeitgenössischen Dialekten – bewusst inkonsequent und undogmatisch. Es ging ihm also nicht wie Aasen darum, einen Sprachstand zu restituieren, dessen Kontinuität ihm durch die lange Dominanz des Dänischen gekappt zu sein schien. Dennoch blieb Aasen für ihn vor allem in der Formenlehre (Flexions- und Komparationsformen, doppelte Bestimmtheit, nachgestelltes Possessivpronomen) maßgeblich. In der Syntax orientierte er sich an oralen geprägten Satzmustern; in der Wortwahl versuchte er, die Spuren des Dänischen auch durch nicht immer durchsetzungsfähige Wortneuschöpfungen zu beseitigen.

Inhaltlich ging es ihm vor allem um die Vermittlung eines kohärenten Norwegenbildes. In der Lyrik dominieren naturromantische Bilder und traditionelle Familienszenen, in *Ferdaminni fraa sumaren 1860* sowie in A *Norseman's Views of Britain and the British*, 1863 (nynorsk: *Bretland og Britane*, 1873) steht neben den Naturschönheiten auch der Nutzen des technischen Fortschritts und der Bildung in der Landwirtschaft im Vordergrund. Das Drama *Olaf Digre* (1864 verfasst, 1927 veröffentlicht) präsentiert mit seinem der *Ólafs saga helga Haraldssonar* entnommenen Plot einen Ausschnitt norwegischer Geschichte, dessen Aktualität durch den politischen Zusammenschluss Norwegens und Schwedens augenfällig ist. Grundsätzlich verfolgte Vinje in seinen Schriften ein nationales Konzept, das sich in erheblichem Maß über die Sprache definierte. Die Traditionen, die er beschwor, sind dabei niemals Selbstzweck, sondern Bausteine für eine neu zu gestaltende kulturelle Gegenwart.

Auch wenn er kein Sprachregelwerk verfasste, kommt seinem Werk durch die Anwendung und Modifizierung von Aasens Prinzipien im Zeitungswesen und Dichtung große Bedeutung für die Etablierung des ›nynorsk‹ zu. Die literaturwissenschaftliche Rezeption ist heterogen und überwiegend zurückhaltend, am intensivsten ist sie bezeichnenderweise bei Forschern, die selbst ›nynorsk‹ schreiben. Die bisweilen geringe literarische Qualität, die mangelnde Konsequenz in der Umsetzung seiner Prinzipien und die Widersprüchlichkeit seiner Leitsätze trugen ihm den Ruf eines ›geistigen Chamäleons‹ ein.

HARALD MÜLLER

AASMUND OLAVSSON VINJE

Henrik Ibsen

* 20. März 1828 in Skien (Norwegen)
† 23. Mai 1906 in Kristiania (Oslo, Norwegen)

(Pseudo. Brynjolf Bjarme) – Ab 1844 Apothekerlehrling; 1852 Regisseur
am Norwegischen Theater in Bergen; 1857 künstlerischer Leiter des
Norwegischen Theaters in Kristiania, 1864–1868 in Rom, 1868–1875
in Dresden, 1875–1891 in München, ab 1891 bis zu seinem Tod in Kristiania. Verfasste ab 1847 Lyrik und Dramatik, gilt als einer der bedeutendsten Dramatiker aller Zeiten.

Peer Gynt / Peer Gynt

Das Drama entstand in wenigen Monaten des Jahres 1867 in Italien
und beginnt mit dem Ausruf »Peer, du lügst!« Peer Gynts Mutter
bezeichnet damit die Kategorie des Phantastischen, die das Stück
kennzeichnet. Der Herumtreiber und Geschichtenerzähler, dem
Phantasie alles und Wirklichkeit wenig bedeutet, hätte den verkommenen väterlichen Hof durch die Heirat mit einer reichen Bauern-
tochter retten können, doch diese soll nun einen Tölpel heiraten. Peer
eilt zur Hochzeit, wo er wenig willkommen ist. Nur die Häuslers-
tochter Solvejg möchte mit ihm tanzen; doch selbst ihre am Rand der
Gesellschaft existierenden Eltern verweigern die Erlaubnis. Der Abge-
wiesene rächt sich für die Ablehnung, indem er die Braut ins Gebirge
entführt, sie jedoch bald wieder von sich weist. Nur Solvejg bleibt ihm
unauslöschlich im Gedächtnis.

Auf der Flucht sich immer mehr ›versteigend‹, gerät Peer in den
dämonisch-mythischen Bereich des ›Dovre-Alten‹, dessen Tochter ihn
ins Reich der Trolle lockt. Er wehrt sich gegen Verführung und Gewalt;
Glockengeläut beendet den Spuk, »die Halle stürzt ein«. Doch Peer
sieht sich sogleich neuen Kräften des magisch-mythischen Bereichs
ausgesetzt. Erneut bricht fernes Glockengeläut den Bann, und Peer
erwacht vor der Sennhütte seiner Mutter, wo er Solvejg trifft. Diese
findet im dritten Akt den Weg zu Peers Waldhütte. Sein Schicksal
scheint sich für Augenblicke zu wenden; da wird er erneut mit der
Trollwelt konfrontiert: Die Tochter des Dovre-Alten bringt ihm in
Gestalt eines alten Weibes die angebliche Frucht seiner Verbindung

mit ihr. Damit ist Peers »Königspalast in Scherben«. Er verlässt Solvejg und erscheint am Sterbebett seiner Mutter, der er durch seine Phantasien den Abschied erleichtert.

Der vierte Akt spielt Jahre später an der Küste Marokkos. Peer ist Zentrum einer Gesellschaft karikaturhaft gezeichneter Vertreter europäischer Nationen. Durch Kolonial- und Sklavenhandel reich geworden, will er nun Weltherrscher werden, um »das Gyntsche Ich, – das ist das Heer / von Wünschen, Lüsten und Begehr« zu realisieren. Von den Insassen einer psychiatrischen Anstalt in Kairo wird er zum ›Kaiser der Selbstsucht‹ gekrönt. Damit endet seine orientalische Episode, nachdem er mit der ›Wüstentochter‹ Anitra zuvor den erotischen Höhepunkt seines Daseins erlebt hat. Im fünften Akt kehrt Peer als alter Mann in seine Heimat zurück und erkennt schließlich beim Zerpflücken einer Zwiebel, dass »sein Leben aus lauter Schalen ohne Kern besteht« (Georg Lukács). Noch einmal begegnen ihm mythische Gestalten. In der letzten Szene tritt er als Sünder vor Solvejg. Sie, »Mutter, Weib; Magd ohne Schuld und Fehle«, singt ihm ein Wiegenlied, das die Forderungen der Dämonen übertönt.

Die skandinavische Kritik diskutierte hauptsächlich, inwieweit sich in Peer der norwegische Nationalcharakter spiegele und wie sich die Motivik der norwegischen Folklore (vor allem aus Asbjørnsens und Moes *Volksmärchen*) zu ironisch-allegorischen Anspielungen auf reale Verhältnisse verhalte; man bemängelte die vermeintliche ›Poesielosigkeit‹ des Werks, wogegen sich Ibsen scharf zur Wehr setzte: »Der Begriff Poesie wird sich schon dem Buche noch anpassen.« Georg Brandes, Ibsens späterer Herold, vermisste wie H. C. Andersen noch »Schönheit und Wahrheit«, und selbst Edvard Grieg, der für die Uraufführung seine bekannte Bühnenmusik schuf, äußerte sich Bjørnson gegenüber skeptisch.

Erst spät erkannte man die zukunftweisende Kunst dieses vieldeutigen ›Stationendramas‹ – das Züge des Symbolismus, Expressionismus, Surrealismus, des epischen und absurden Theaters vorwegnimmt und tiefenpsychologisch über Freud hinausweist – sowie seine Affinität zu Wagner und zum Film. Schließlich war der Blick frei auf Peer Gynt als einen »Typus der Menschheit, aber an einer norwegischen Gestalt gezeigt« (Hermann Bahr); zeitweise führte dies

zu der verkürzenden Deutung Peers als eines »nordischen Faust«.
Als Künstlergestalt, als Typus des ›negativen Helden‹, des Phantasten und Illusionisten wurde Peer ein Vorbild für das moderne Theater. Ibsens virtuose Sprachkunst, aber auch das freie, den ›folkeviser‹ nachempfundene Versmaß stellen Übersetzer dieses ›dramatischen Gedichts‹ vor schwierigste Probleme, an denen selbst Morgenstern ehrenvoll scheiterte. Die Nähe zum Epischen verweist auf Ibsens Vorbilder: Byrons *Don Juan*, Paludan-Müllers *Adam Homo*, auch Bjørnsons *Synnøve Solbakken* und nicht zuletzt sein eigenes Drama *Brand*, das Gegenstück zu *Peer Gynt*.

Im Allgemeinen wird das Werk in Ibsens mittlere Schaffensphase eingeordnet, literaturgeschichtlich lässt es sich aufgrund seiner Einzigartigkeit jedoch kaum eindeutig rubrizieren. FRITZ PAUL

Ein Puppenheim / Et Dukkehjem

Das 1879 in Kopenhagen uraufgeführte, in Deutschland unter dem Titel *Nora* bekannt gewordene Schauspiel provozierte einen folgenreichen Theaterskandal. Grundzüge der Handlung stimmen mit Erlebnissen der Schriftstellerin Laura Kieler überein. Weitere Anregungen erhielt Ibsen u. a. aus einer Streitschrift Camilla Colletts.

Die drei Akte spielen während der Weihnachtstage in der Wohnung des ehrgeizigen, soeben zum Direktor einer Aktienbank ernannten Rechtsanwalts Torvald Helmer. Seine kapriziöse Frau Nora ist für ihn nur sein ›Singvogel‹ im goldenen Käfig. Doch aus Gesprächen mit der (ihrerseits in einer Vernunftehe lebenden) Freundin geht hervor, dass Nora einst ihrem Mann heimlich das Leben gerettet hat, indem sie für eine Genesungsreise des damals Schwerkranken heimlich ein Darlehen aufnahm. Dazu fälschte sie eine Unterschrift, und mit der Aufdeckung dieser Tat erpresst sie jetzt der Gläubiger, ein unmittelbar von der Entlassung bedrohter Angestellter in Helmers Bank. Nora möchte nicht, dass Helmer von der ganzen Angelegenheit etwas erfährt, weil sie glaubt, dass das Bewusstsein, ihr sein Leben zu verdanken, ihn in seinem männlichen Stolz kränken würde. Ihr Versuch, bei Helmer die Weiterbeschäftigung ihres Erpressers zu erwirken, schlägt fehl.

Während das verhängnisvolle Denunziationsschreiben im Briefkasten liegt, ist sie hin- und hergerissen zwischen Selbstmordgedanken und der Hoffnung auf das ›Wunderbare‹, das geschehen wird, wenn ihre Verfehlung an die Öffentlichkeit dringt und ihr Mann sich schützend vor sie stellen wird. Das Gegenteil tritt jedoch ein: Nachdem Helmer von der Fälschung erfahren hat, überschüttet er – von ökonomischen Ängsten getrieben – Nora mit Vorwürfen und droht, ihr die Erziehung ihrer Kinder zu entziehen. Auch als unvermutet ein zweiter Brief die Angelegenheit für erledigt erklärt, gilt Helmers erster Gedanke sich selbst. Nun ist er jedoch bereit, wieder seine Rolle als überlegener Beschützer zu spielen. Aber sein Verhalten hat Nora das Scheinglück ihrer Ehe durchschauen lassen. Durch ihren zunächst als Verführung inszenierten, dann zum Ausdruck körperlicher Selbstbestimmung sich wandelnden Tarantella-Tanz mit sich selbst bekannt geworden, will sie nun außerhalb ihres ›Puppenheims‹ ein selbständiger Mensch werden. Als Helmer sie an ihre Pflichten als Ehefrau und Mutter erinnert, antwortet sie mit dem Hinweis auf die Pflicht gegenüber sich selbst, verlässt Mann und Kinder und bricht auf ins Unbekannte. (Eine versöhnliche Schlussfassung, die Ibsen kurz nach der deutschen Erstaufführung in Flensburg 1880 auf Drängen einer Schauspielerin schrieb, machte er bereits für die Münchner Aufführung 1880 wieder rückgängig.)

Mit seiner perfekt durchkomponierten analytischen Struktur und seiner Verbindung von sozialökonomischer und ›Gender‹-Analyse gilt das Stück als einer der bedeutendsten literarischen Beiträge zur Emanzipation der Frau. Es löste eine leidenschaftliche internationale Debatte aus, an der sich u. a. August Strindberg beteiligte. Gleichwohl artikulieren Noras Forderungen nach individueller Freiheit allgemein menschliche Ansprüche des mit dem Anarchismus sympathisierenden Ibsen. Zu den bekanntesten neueren Adaptionen gehört R. W. Fassbinders Film *Nora* (1974) und Elfriede Jelineks Stück *Was geschah, nachdem Nora ihren Mann verlassen hatte* (1979).   KLL

Gespenster. Ein Familiendrama in 3 Akten / Gengangere. Et familjedrama i 3 akter

Das 1881 erschienene Drama spielt unmittelbar vor der Einweihung eines Kinderheims, das Frau Helene Alving zehn Jahre nach dem Tod ihres Mannes, des hochangesehenen Kammerherrn Alving, errichten

ließ und das seinen Namen tragen soll. In einem Gespräch mit ihrem Jugendfreund Pastor Manders, der die feierliche Handlung vornehmen wird, enthüllt Frau Alving die Wahrheit über ihre Ehe: Von ihren Verwandten beeinflusst, entschied sie sich als junges Mädchen entgegen ihrer Neigung statt für den mittellosen Manders für den wohlhabenden Leutnant Alving, musste bald aber erkennen, dass Alving das Leben eines Libertin führte. Als sie bei Manders Hilfe suchte, schickte er sie zu ihrem Mann zurück – in seinen Augen die ›heldenhafteste‹ Tat seines Lebens, da die Pflicht höher stehe als das Recht auf Glück. Helene bekam mit Alving einen Sohn, und von nun an bestimmten »Pflicht« und »Rücksichten« ihr Leben. Alvings Beziehung zu dem Dienstmädchen Johanne wurde vertuscht, und der alkoholabhängige Tischler Engstrand, der Johanne heiratete, gilt seitdem als der Vater von Alvings Tochter Regine. Um sie Engstrands Einfluss zu entziehen, nahm Frau Alving Regine zu sich und schickte gleichzeitig ihren
Sohn Osvald fort, um zu verhindern, dass er die Wahrheit über seinen Vater erfahren könnte. Nach dem Tod ihres Mannes hofft Frau Alving, durch den Bau des Kinderheims und den Verzicht auf sein Geld, sich und Osvald von den ›Gespenstern‹ der Vergangenheit befreien zu können.

Pastor Manders ist das erste Mal seit den geschilderten Vorfällen wieder im Hause Alving. Osvald ist aus Paris zurückgekehrt und schockiert den Pastor durch seine freisinnigen Ansichten. Auch Regine ist anwesend und ihr vermeintlicher Vater Engstrand, der die Tischlerarbeiten für das Heim ausgeführt hat. Alle Figuren werden nach und nach mit ihren eigenen Versäumnissen konfrontiert: So muss Manders hören, dass die Ehe, in die er Helene zurückgeschickt hat, nichts anderes war als ein »verdeckter Abgrund«. Im zweiten Akt entdeckt Frau Alving, dass ihr Sohn an einer schweren Krankheit leidet (die als »Erbe des Vater« bezeichnet wird und häufig als Syphilis interpretiert wurde), dass er sich ausgerechnet von Regines »Frische und Lebensfreude« Rettung verspricht und sie heiraten will. Im dritten Akt erfahren Osvald und Regine schließlich, dass sie in Wahrheit Halbgeschwister sind und eine Ehe zwischen ihnen somit nicht in Frage kommt. Am Ende der Enthüllungen und der sich zuspitzenden Konflikte steht völlige Zerstörung: Das Heim brennt ab, Regine, die dort arbeiten sollte, folgt Engstrand in die Stadt, um in dessen geplantem »Seemannsheim« zu arbeiten, vermutlich einem besseren Bordell, das nun ironischerweise anstelle des Kinderheims Alvings Namen tragen soll. Manders wird Engstrand dabei unterstützen, der die Naivität und Gutgläubigkeit des Pastors ausnutzt und in seiner Skrupellosigkeit die Kehrseite der von Manders propagierten Pflichtmoral verkörpert.

Im Haus bleiben Frau Alving und Osvald zurück. Die Mutter muss entscheiden, ob sie ihrem Sohn jene Sterbehilfe gewähren will, um die er sie als Erlösung von der zu erwartenden Paralyse gebeten hat. Diese bricht in der letzten Szene des Stücks aus, gerade in dem Augenblick, als nach einem endlos scheinenden Regen endlich die Sonne aufgeht. Osvald sitzt als geistiges Wrack auf der Bühne und wiederholt stumpfsinnig die Worte: »Mutter, gib mir die Sonne. – Die Sonne, die Sonne.« FRANZ J. KEUTLER

Die Wildente / Vildanden 117

Das Schauspiel in fünf Akten wurde 1885 in Bergen uraufgeführt, die deutsche Erstaufführung erfolgte 1888 in Berlin. Während eines Abendessens, das der alte Großhändler Werle gibt, werden die Konflikte des Stücks exponiert. Werles Sohn Gregers, ein Wahrheitsfanatiker, hat seinen Schulfreund Hjalmar Ekdal, einen Phantasten, der sich als Fotograph durchs Leben schlägt, eingeladen. Er erfährt, dass dieser nun mit Gina Hansen, der ehemaligen Haushälterin seines Vaters, verheiratet ist und dass der alte Werle die kleine Hedvig, das Kind der Ekdals, finanziell unterstützt. Die beiden Freunde führen Werles Hilfsbereitschaft zunächst auf sein schlechtes Gewissen zurück, da er vor vielen Jahren den alten Ekdal in einer ungeklärten Affäre zugrunde gerichtet hat und ihm nun ein Gnadenbrot als Schreiber in seinem Geschäft gewährt. Wie ein Gespenst erscheint der alte Ekdal für einige Augenblicke auf der Szene und wird von seinem Sohn Hjalmar verleugnet. Gregers überwirft sich wegen der alten Geschichte mit seinem Vater. Dabei erwacht in ihm der Verdacht, dass Hedvig in Wirklichkeit dessen Tochter ist. Äußere Anzeichen wie ihre Kurzsichtigkeit scheinen dies zu bestätigen.

Gregers mietet sich bei den Ekdals ein und durchschaut bald die Verhältnisse in dieser Familie. In Wirklichkeit führt die lebenskluge

Frau Gina das Fotographengeschäft, während Hjalmar seine Zeit über einer imaginären »Erfindung« verträumt. Traum und Wirklichkeit begegnen sich auch in der Bodenkammer des Hauses, wo sich »allerhand zahmes Getier« tummelt und wo der alte Ekdal mit seinem Sohn »auf die Jagd geht«. Inmitten der Tiere lebt auch eine flügellahme Wildente, die Hedvig gehört. Die Dachbodenwelt mitsamt der Geschichte von der Wildente wird für Gregers zum Symbol der in Illusion und Lüge verstrickten Ekdal'schen Familie. Er will nun das Lügengewebe zerreißen, das nach den Worten des liberalen Doktors Relling allein die Gesellschaft erhält. Deshalb eröffnet er Hjalmar die (vermeintliche) Wahrheit über Ginas Vergangenheit, löst bei ihm aber nur das Gefühl einer persönlichen Kränkung aus. Hedvig, die ungewollt Zeugin dieser Aussprache wird, erinnert sich sowohl an Gregers' Worte, sie müsse zum Beweis ihrer Liebe dem Vater das größte Opfer bringen – gemeint war die Wildente –, als auch an die nicht ernst gemeinte Frage ihres Vaters, ob sie für ihn ihr Leben opfern würde, und erschießt sich in der Dachkammer. Der zynische Doktor Relling äußert die Vermutung, dass das Kind in kurzer Zeit für den Vater nur noch »ein schönes Deklamationsthema« sein wird.

Ibsen hat in diesem Gesellschaftsstück die Szenerie erstmalig und einmalig in die Wohnverhältnisse der Unterklasse verlegt. Zur analytischen Technik tritt nun ein auffallender Symbolisierungsprozess. Das sozialkritische Engagement wird von Individualproblemen überlagert, darunter von zwei Hauptproblemkreisen: der in Gregers und Relling personifizierten Dialektik von Wahrheit und Lüge und dem in der Wildente und der Bodenkammer gespiegelten Problem von Schein und Wirklichkeit. FRITZ PAUL

Rosmersholm / Rosmersholm. Skuespil i 4 akter

Der dramatische Vorgang und die Grundkonstellation des 1886 erschienenen Dramas ähneln in Vielem Ibsens früherem Werk *Gengangere*: Auf einem alten norwegischen Herrenhof vollzieht sich der Untergang einer alten Familie. Auf dem Gut Rosmersholm, wo »die Kinder niemals schreien und die Erwachsenen nie lachen«, wagt sich der ehemalige Pastor Johannes Rosmer, der letzte Nachkomme der Familie, nicht mehr auf den Steg über den reißenden Mühlbach, wo seine Frau Beate umkam. Der Meinung der Gesellschafterin Rebekka West, auf Rosmersholm hingen »sie lange an ihren Toten«, widerspricht die Haushälterin Madam Helseth: Es seien im Gegenteil »die Toten, die so lange an Rosmersholm hängen«, und sie begründet dies mit der Erscheinung der »weißen Pferde«, die die Lebenden zu den Toten holten.

Johannes Rosmer verfolgt inzwischen weiter sein Ziel, sich selbst und seine Umgebung zu »Adelsmenschen« zu erziehen, wobei er Verständnis und seelische Hilfe bei Rebekka erhofft. Bald jedoch gerät er in einen Zwiespalt von pseudoliberalem Freisinn und konservativer Philisterei: Sein Schwager Kroll hält ihm die moralische ›Verderbtheit‹ seines Verhaltens vor, und der Redakteur Mortensgård will um jeden Preis den »Freisinn« Rosmers als politisches Aushängeschild für seine liberale Zeitung »Das Blinkfeuer« gewinnen. Beide stützen ihre Versuche, Einfluss auf Rosmers Haltung zu nehmen, erpresserisch auf Aussagen und Briefe seiner verstorbenen, psychisch kranken Frau, die unter ihrer Unfruchtbarkeit litt und offensichtlich Rebekka als Rivalin betrachtete. Rosmer verteidigt jedoch seinen Anspruch auf Individualität und wird durch den Besuch seines ehemaligen Lehrers Brendel, eines ›verkommenen Genies‹, noch darin bestärkt. In langen Unterredungen mit Rebekka verteidigt er seine Prinzipien, wobei er immer wieder auf sein Recht der inneren Befreiung verweist.

In einem Gespräch mit Kroll erfährt Rebekka, dass der freisinnige Dr. West, bei dem sie aufgewachsen ist und dessen Namen sie trägt, ihr leiblicher Vater war. Sie reagiert schockiert – nach der Deutung S. Freuds, weil sie eine sexuelle Beziehung zu ihm hatte. Als Rosmer hinzukommt, gesteht sie, dass sie Beate mit Absicht ein Verhältnis zwischen sich und Rosmer suggeriert und sie damit in den Tod getrieben hat. Nach dieser Eröffnung möchte sie Rosmersholm noch in derselben Nacht verlassen. Überraschend macht Rosmer ihr einen Heiratsantrag – doch Rebekka lehnt verzweifelt ab. Sie muss erkennen, dass ihre früher so feste Entschlossenheit erlahmt ist: »Die rosmersche Lebensanschauung adelt [...], aber sie tötet das Glück.« Nachdem Rosmer sie in einer plötzlichen dämonischen Anwandlung zunächst dazu bringen will, den Weg zu gehen, »den auch Beate gegangen ist«, weil er meint, sich so von seinen Schuldgefühlen befreien zu können, erscheint schließlich beiden der Freitod als letzter Ausweg aus Schuld und Verstrickung. Machtlos muss Madam Helseth zusehen, wie beide den Steg betreten. Sie erkennt »das Weiße da –!« und beobachtet durch das Fenster ihren Sturz in den Wasserfall: »Die Selige hat sie geholt.«

Ibsen befindet sich mit diesem 1886 in München entstandenen Werk bereits deutlich auf dem Weg zum Symbolismus und zur Allegorie seines Spätwerks. Die »weißen Pferde« von Rosmersholm sind als strukturierendes Symbol erkennbar, verlieren aber durch ihre symbolische Eigenschaft nicht die mythische Erfahrbarkeit für die Personen des Stücks. FRITZ PAUL

Hedda Gabler / Hedda Gabler. Skuespil i 4 akter

Hauptfigur des 1890 erschienenen Dramas ist die schöne, anspruchsvolle und kalt berechnende Hedda, als Tochter des Generals Gabler aristokratisch erzogen, aber ohne große Mitgift, die den gutmütigen, naiven Tesman aus Versorgungsgründen geheiratet hat. Obwohl Hedda ihren Mann, einen akribisch-fleißigen Fachgelehrten, überlegen-ironisch behandelt, steht ihrem Verlangen, den eigenen Wünschen und Ansprüchen gemäß zu leben, eine »schreckliche Angst vor dem Skandal« entgegen. Sie zieht es vor, das Leben als eine Art Spiel zu betrachten, der Verantwortung auszuweichen und Konfrontationen zu vermeiden. In ihrer Jugend ließ sie sich daher von ihrem Freund Ejlert Løvborg zwar von dessen ›ausschweifendem‹ Leben berichten, seine Annäherungsversuche wies sie jedoch zurück. Nun wird sie wieder mit Løvborg konfrontiert, der sich nach einer problematischen Zeit stabilisiert und eine geniale kulturhistorische Abhandlung veröffentlicht hat, die ihn zum Konkurrenten des pedantischen Tesman macht. Von Thea Elvsted, einer flüchtigen, schon immer von ihr beneideten Bekannten, die aus ihrer freudlosen Ehe ausgebrochen und Løvborg, dem Hauslehrer ihrer Stiefkinder, nachgereist ist, erfährt Hedda von dessen neuem, noch unveröffentlichten Manuskript, das ein großer Wurf zu werden verspricht.

Theas Liebesfähigkeit, ihr Mut, gegen die Regeln der Gesellschaft zu verstoßen und ohne Furcht vor Skandal ihren Gefühlen zu folgen, sowie das Vertrauensverhältnis zwischen Thea und Løvborg erregen Heddas Eifersucht. Zielsicher gelingt es ihr, dieses Vertrauen zu unterminieren und Løvborg dazu zu bringen, den Junggesellenabend des Richters Brack, ihres Hausfreundes und Vertrauten, zu besuchen, da sie ihn dort »mit Weinlaub im Haar« über seine Schwäche für den Alkohol triumphieren sehen will. Doch die Feier wird zum Gelage, und Løvborg, der wie viele der Figuren Ibsens als Ausnahmemensch selbstzerstörerische Anlagen hat, verliert sein Manuskript. Tesman findet es und gibt es Hedda zur Aufbewahrung. Brack, der seine Stellung als Hausfreund und Partner in einem (bislang rein verbalen) Dreiecksverhältnis gefährdet sieht, erinnert Hedda an die gesellschaftliche Unmöglichkeit eines weiteren Umgangs mit Løvborg. Nun gibt sie den destruktiven Kräften in sich vollends nach: Als Løvborg ihr den Verlust des Manuskripts mitteilt, leiht sie ihm eine ihrer Pistolen und stiftet ihn zu einer Selbsttötung »in Schönheit« an. Dann verbrennt sie das Manuskript, Theas und Løvborgs symbolisches ›Kind‹. Doch Løvberg stirbt keinen ›ästhetischen‹ Tod, sondern schießt sich in den Unterleib.

Brack, der die Pistole erkannt hat, will Hedda erpressen, eine sexuelle Beziehung mit ihm einzugehen. Da Tesman und Thea bereits damit beschäftigt sind, Løvborgs Werk aus seinen Notizen zu rekonstruieren, ist Hedda überflüssig geworden. Vor die Wahl gestellt, entweder einen öffentlichen Skandal zu riskieren oder in Unfreiheit und Abhängigkeit von Brack zu leben, trifft sie ihre Entscheidung: Sie geht ins Nebenzimmer und tötet sich durch einen Schuss in die Schläfe. Die letzten Worte des Stücks gehören Brack, der die Tat mit Heddas stehender Replik auf normwidriges Verhalten kommentiert: »So etwas tut man doch nicht.«

Mit der Figur Hedda Gablers gelingt dem Autor die Darstellung eines Frauenschicksals, das von den gesellschaftlichen und sozialen Zwängen des 19. Jh.s bestimmt ist – vergleichbar dem einer Anna Karenina, Emma Bovary oder Effi Briest. Die psychologische Durchdringung der Gestalt weist bereits auf die Psychoanalyse voraus, die sich ihrerseits an Ibsens Dramen schulte.   KIRSTEN HÖLTERHOFF

Baumeister Solness. Schauspiel in drei Akten / Bygmester Solness. Skuespil i tre akter

Protagonist des 1892 erschienenen Stücks ist der Architekt Halvard Solness, der es durch Talent und Ehrgeiz so weit gebracht hat, dass sein ehemaliger Chef, Knut Brovik, bei ihm als Angestellter arbeiten muss. Auch Broviks Sohn Ragnar ist bei ihm angestellt. Da Solness jedoch befürchtet, von dem begabten Ragnar überflügelt zu werden, weigert er sich, dessen Zeichnungen zu begutachten und ihm so eine Aufstiegschance zu geben: Solness, die nach außen hin brillante und erfolgreiche Persönlichkeit, ist seiner selbst nicht sicher.

Seit dem Brand des Hauses seiner Schwiegereltern, bei dem seine beiden Kinder umkamen, lebt seine Frau Aline gebrochen und apathisch dahin. Zwar hat Solness das Grundstück inzwischen nach seinen eigenen Wünschen wieder bebaut, doch setzt sich in ihm allmählich die Vorstellung fest, er habe diesen Brand aus beruflichen Gründen herbeigewünscht und sich dadurch mitschuldig gemacht. Hinzu kommt seine Furcht davor, eines Tages von »der Jugend« abgelöst zu werden. Plötzlich wird er in der Gestalt der 22-jährigen Hilde Wangel mit eben dieser Jugend konfrontiert. Vor zehn Jahren hatte Solness – von ihr tief bewundert – beim Richtfest einer von ihm erbauten Kirche den Festkranz persönlich an der Turmspitze angebracht und ihr versprochen, ihr später das Königreich »Apfelsinia« zu schenken. Nun ist Hilde gekommen, um ihr Versprechen erfüllt zu sehen, und Solness scheint seine Angst verloren zu haben. Hilde ist bereit, mit ihm ›Luftschlösser‹ zu bauen, aber zuerst soll er eine Probe seines unverändert Mutes ablegen: Wiederum soll er am Turm eines von ihm erbauten Hauses den Kranz aufhängen. Obwohl Solness nicht mehr schwindelfrei ist und trotz Alines Versuch, ihn abzuhalten, besteigt er, von Hilde getrieben, den Turm, befestigt den Kranz und stürzt vor den Augen der unverständig jubelnden Hilde und zum Entsetzen der Umstehenden in den Tod.

Dieses Drama über den Konflikt zwischen Jugend und Alter, über Künstlerehrgeiz und menschliches Glück leitet Ibsens letzte Schaffensperiode ein. Nur noch der Mensch und seine persönlichen Konflikte stehen im Mittelpunkt, nicht mehr die Gesellschaft oder das Milieu. *Bygmester Solness* bildet den Übergang von Ibsens Gesellschaftsstücken

zu seinen vier letzten symbolistischen Dramen. Möglicherweise hat
die Philosophie Nietzsches, die Georg Brandes nach Skandinavien
vermittelte, die Konzeption der Hauptfigur beeinflusst: Solness kann
seine Wesensverwandtschaft mit Nietzsches Übermenschen kaum
verleugnen. Hildes Vorgängerinnen sind bereits in *Fruen fra havet*
und *Hedda Gabler* zu finden. In der Person des Ragnar darf man ein
Bild Knut Hamsuns sehen, der 1891 in mehreren Literaturvorträgen
die vier Säulen der damaligen norwegischen Literatur – neben Ibsen
Bjørnson, Lie und Kielland – heftig angegriffen hatte. Ibsen zeigte sich
verärgert, konnte aber Hamsuns Werk seine Bewunderung nicht ver-
sagen. Auch die anderen Personen des Stücks wurden nach Vorbildern
aus Ibsens Umgebung gestaltet; so hat Hilde Ähnlichkeit mit Hildur
Andersen und Emilie Bardach, mit denen er befreundet war; Aline ist
ein Abbild seiner Frau Suzannah, und Halvard Solness trägt Züge des
Dichters selbst.

In *Bygmester Solness* nahm Ibsen viel von dem vorweg, was Hamsun
für die neue Literatur forderte. Beispielsweise erfüllte er die von
Hamsun postulierte Aufgabe, die Dichtung müsse sich auch, oder vor
allem, derjenigen seelischen Bezirke annehmen, die rational (noch)
nicht fassbar seien. HEIKO UECKER

Wenn wir Toten erwachen. Ein dramatischer Epilog in drei Akten / Når vi døde vågner. En dramatisk epilog i tre akter

In seinem letztem, 1899 erschienenen Schauspiel vereinigt der Autor
viele der Problemkonstellationen seiner späten Werke zu einem
»Epilog« von bedrückender Symbolhaftigkeit. Das konzentrierte
und vieldeutige Stück ist zugleich das persönlichste, von ironischer
Resignation geprägte Bekenntnis des Dichters. Die Szene ist ein
Kurort an der norwegischen Küste, wo der berühmte Bildhauer
Arnold Rubek gemeinsam mit seiner jungen Frau Maja einige
Ferientage verbringt. Die Beziehung der beiden ist von Überdruss
und Verständnislosigkeit ausgehöhlt und nur noch im konventio-
nellsten Sinn eine Ehe zu nennen. Der latente Konflikt entwickelt
sich zur offenen Krise, als zwei weitere Gestalten auftreten und den
analytischen Prozess in Gang setzen, den der Autor hier wiederum

zum Bewegungselement einer katastrophalen Entwicklung werden lässt.

Rubek trifft im Kurpark die von einer psychischen Krankheit gezeichnete, aus der Heilanstalt entlassene Irene wieder. Aufgrund ihrer großen Schönheit hatte sie einst für seine Plastik »Auferstehungstag« Modell gestanden, die seinen weltweiten Ruhm begründete. Irenes Geist verwirrte sich, sie »starb«, wie sie selbst sagt, weil sie erkennen musste, dass Rubek sich ausschließlich für sein Werk interessierte, und er ihre Schönheit nur bewunderte, weil er das Wesen der »Auferstehung« darin sah. Aber auch Rubek ist an seinem eigenen Anspruch, ausschließlich der Verwirklichung seiner künstlerischen Existenz leben zu wollen, zugrunde gegangen. In der Begegnung mit Irene spürt er, der nach Vollendung des großen Werks unter dem Verfall seiner schöpferischen Kraft leidet, dass er ebenfalls zu den »Toten« gehört: »Wenn wir Toten erwachen«, sagt Irene, »sehen wir, daß wir niemals gelebt haben«.

Dieses Leben, dessen unwiederbringlicher Verlust hier beklagt wird, sehnt Maja herbei, als sie die Avancen des »Bärentöters« und Gutsbesitzers Ulfheim erwidert. Von seiner grobschlächtigen und aggressiven Männlichkeit zugleich abgestoßen und fasziniert, verabredet sie sich mit ihm zu einem Jagdausflug ins Gebirge. Gleichzeitig beschließen Rubek und Irene, im Überschwang ihres neu entflammten Gefühls, »empor zum Licht und zu all der strahlenden Herrlichkeit« zu wandern, »den Berg der Verheißung« zu besteigen, auf den zu führen er ihr einst versprochen hatte. Dort, in der zerklüfteten Wildnis des Hochgebirges, erfüllt sich das Schicksal der beiden ungleichen Paare. Während Maja gemeinsam mit Ulfheim den Abstieg ins Tiefland beginnt, wo sie möglicherweise eine Verbindung eingehen werden, begegnen ihnen noch einmal Rubek und Irene. Ungeachtet eines drohenden Unwetters wollen die beiden den Gipfel erreichen und werden von einer plötzlich niedergehenden Lawine in die Tiefe gerissen.

Diese »schaurige Beichte des Werkmenschen, der bereut, die späte, zu späte Liebeserklärung an das Leben« (Thomas Mann) ist einerseits ein Meisterwerk ›analytischer‹ Dramatik, macht andererseits aber zugleich die Grenzen dieser Gattung deutlich. Die äußere Handlung ist auf ein Minimum reduziert, der Dialog dient fast ausschließlich dazu, die aus der Erinnerung der retrospektiv angelegten Hauptgestalten erwachsenden Erkenntnisse zu vermitteln. Die Vielfalt der angedeuteten Probleme (Leben und Kunst, Tod und Wiederkunft, Versündigung und Erlösung, Selbsttäuschung und Selbsterkenntnis), die hier überhöhte Gestalt gewinnen (im Kunstwerk, in den Naturgewalten, im Sonnenglanz, im Berggipfel), bewirkt eine reliefartige Verflachung der dramatischen Personen, die den Text zum Musterbeispiel für die symbolistische Dramatik des Fin de Siècle werden lässt.   K L L

Nicolai Frederik Severin Grundtvig

* 8. September 1783 in Udby/Seeland (Dänemark)
† 2. September 1872 in Kopenhagen (Dänemark)

Pfarrer, Theologe und rastlos produktiver Dichter (mit zeitweise manisch-depressiven Zügen), romantischer Mythenforscher, Historiker, Politiker; in lebenslangem Konflikt mit der Staatskirche Entfaltung des für die dänische Kultur prägenden Grundtvigianismus, einer liberal-volkstümlichen Verbindung lutherischer Theologie, nordischer Traditionen und praktischer demokratischer Sozialpolitik und Erziehungsarbeit; 1861 Bischof von Seeland.

Gesangbuch für die dänische Kirche / Sang-Værk til den danske Kirke

Die umfangreiche Kirchenlied-Sammlung erschien von 1837 bis 1870, weitere Teile wurden postum von 1873 bis 1881 veröffentlicht. Nach einer persönlichen Krise in den Jahren 1810/11 wandte sich Grundtvig einem individuellen reformatorischen Christentum zu, das er auf der Basis seines romantischen Synkretismus mit seiner von der nordischen Mythologie geprägten Geschichtsauffassung vereinbaren konnte. Auch in seiner Lyrik legte er das Hauptgewicht nun auf christliche Themen und bevorzugte die evangelische Psalmendichtung und das Kirchenlied. In den Sammlungen *Saga* (1811), *Kvædlinger eller Smaakvad* (Gesänge und kleine Lieder) und *Heimdall* (beide 1815) steht dieser Typus denn auch unvermittelt neben lyrischen Werken, in denen noch der Einfluss einer von Henrik Steffens (1773–1845) vermittelten universalromantischen Poetik spürbar ist.

Nach wiederholten Streitigkeiten mit den Kirchenbehörden geriet Grundtvig schließlich mit seiner in der Kampfschrift *Kirkens Gienmæle*, 1825 (Die Widerrede der Kirche), verkündeten Idee einer kultisch-sakramentalen Kirche, die ganz vom apostolischen Glaubensbekenntnis bestimmt sei, in offenen Konflikt mit der dänischen Staatskirche. Nachdem eine lebenslange Zensur über seine Schriften verhängt wurde, musste er 1826 sein Amt aufgeben. Die Zensur wurde erst 1837 aufgehoben. Damals erschien auch die erste Folge seines umfangreichen Gesangbuchs.

Mit dem *Sang-Værk* erneuerte Grundtvig die große Tradition der dänischen ›Psalmen‹-Dichtung. Dabei knüpfte er bewusst an nationale Vorbilder an – den Reformator Hans Thomesen (1532–1573), den Barockdichter Thomas Kingo (1634–1703) und den pietistischen Pastor und Dichter Hans Adolph Brorson (1694–1764) –, aber auch an die frühchristliche und die angelsächsische Hymnendichtung (in der er gemeinsames altnordisches Erbe erkannte); auch deutsche Kirchenlieder adaptierte er. So sind in den 401 Nummern des ersten Bandes Übersetzungen, Um- und Neudichtungen ausgewogen verteilt. Viele dieser Kirchenlieder bringen nicht nur Grundtvigs außerordentliche lyrische Begabung zum Ausdruck, die schon der Zyklus *Nyaars-Morgen*, 1824 (Neujahrs-Morgen), vollendet bezeugt, sondern sie spiegeln auch, trotz der unterschiedlichen Entstehungszeit der einzelnen Lieder, in Anordnung und Tendenz eine einheitliche theologische Auffassung wider.

Grundtvig konnte mit diesem ebenso ›gebildeten‹ wie volkstümlichen Werk seine Position innerhalb der dänischen Kirche so festigen, dass er 1839 wieder eine Pfarrstelle erhielt und zum Gründer und Haupt des ›Grundtvigianismus‹ wurde, der die lutherische Kirche Dänemarks, aber auch die dänische Gesellschaft bis heute prägt. Später stellte er sich in dem Kampf, den Kierkegaard gegen das von Bischof J. P. Mynster repräsentierte, erstarrte Staatskirchentum führte, auf die Seite des Bischofs. Gegen Ende seines Lebens wurde er selbst mit dem Bischofsamt geehrt. Seine Bemühungen um eine allgemeine Volkserziehung (Mitbegründung der Volkshochschule) und seine Kirchenlieder verhalfen ihm noch zu Lebzeiten zu ungeheurer Popularität. Die hohe dichterische Qualität seiner Kirchenlieder jedoch, ihre leidenschaftliche romantisch-mythologische Bildersprache und die rhythmische Vervollkommnung des Dänischen wurden erst im späten 19. Jh. durch die Dichter der Moderne und die neu entwickelte Literaturwissenschaft in vollem Umfang erkannt und gewürdigt. FRITZ PAUL

Georg Brandes

* 8. Februar 1842 in Kopenhagen (Dänemark)
† 19. Februar 1927 in Kopenhagen (Dänemark)

(d. i. Morris Cohen) – Philosophie- und Jurastudium, Promotion; 1871
Beginn epochemachender Vorlesungen an der Universität Kopenhagen; zahlreiche Bücher und Biographien zur europäischen Literatur
des 19. Jh.s und der beginnenden Moderne mit großer Wirkung in
Skandinavien und Deutschland, ab den 1880er Jahren maßgeblicher
Verfechter der Philosophie Nietzsches; 1877–1883 in Berlin, da ihm
aufgrund seiner radikalliberalen Haltung in Kopenhagen eine Profes-
sur verweigert wurde; proklamierte den »Modernen Durchbruch«, zu
dessen Hauptvertretern er selbst zählt.

Hauptströmungen der Literatur des 19. Jahrhunderts / Hovedstrømninger i det nittende Aarhundredes Literatur

In seiner berühmt gewordenen Einleitungsvorlesung vom 3. November 1871 gab der damalige Privatdozent eine Übersicht über das Pro-
gramm der gewaltigen, 1872 bis 1890 in sechs Bänden publizierten
Vorlesungsreihe, mit der er im Geist des modernen Kritizismus von
Taine und Sainte-Beuve »den Siegeszug der Humanität« bis 1848
schildern will. Hauptthemen sind die Reaktion des 19. Jh.s gegen die
Literatur des 18. Jh.s (Band 1–3) und die Überwindung dieser Reaktion
(Band 4–6). Diese europäische Bewegung könne nur vergleichend verstanden werden, in der Zusammenschau einer durchaus subjektiven
Auswahl europäischer Schriftsteller. Der meistzitierte, auch am häu-
figsten missverstandene Satz lautet: »Daß eine Literatur heutzutage
lebt, zeigt sich darin, daß sie Probleme zur Debatte stellt.« Das Werk
weckte einen Sturm, der auf den Kontinent zurückwirkte und dessen
Folgen mindestens ein Jahrzehnt skandinavischen und deutschen
Geisteslebens beherrschten. Bereits den ersten Band nannte Ibsen
»eines der Bücher, die eine tiefe Kluft zwischen gestern und heute
aufreißen«.

Band 1, *Emigrantliteraturen* (*Die Emigrantenliteratur*), stellt die beginnende Romantik dar: Chateaubriand, Rousseau, Goethes *Werther* und
vor allem Madame de Staël. Revolutionäre und reaktionäre Strömun-

gen sind darin noch ungeschieden. Band 2, *Den romantiske Skole i Tydsk-land (Die romantische Schule in Deutschland)*, behandelt kritisch die Brüder August von Schlegel und Friedrich von Schlegel, Novalis, Tieck, Wackenroder und andere. Der dritte Band schildert Triumph und Untergang der Reaktion in Frankreich (*Reactionen i Frankrig*). P. B. Shelley und Byron sind die Protagonisten des »großen Umschwungs« im vierten Band *Naturalismen i England (Der Naturalismus in England)*. Band 5, *Den romantiske Skole i Frankrig (Die romantische Schule in Frankreich)*, schildert die spannungsreichen Neuorientierungen von Hugo bis zu Zola. Die hier beginnende Verteidigung der »Tendenzliteratur« als der des wahren »Geistes des Jahrhunderts« nimmt der sechste Band auf, mit Heine, »dem größten Dichter des Zeitalters«, an der Spitze: *Det unge Tyskland (Das Junge Deutschland)*. In den fast 20 Entstehungsjahren fiel es Brandes immer schwerer, sein Werk nach dem ursprünglichen Plan zu vollenden. Den ideen- und kulturgeschichtlichen Darstellungen der ersten drei Bände folgten zunehmend detaillierte Verfassermonographien; die Persönlichkeiten treten in den Vordergrund. Zudem schwand der anfängliche politische Optimismus, und das Bemühen um eine ›naturwissenschaftliche‹ Methodik wich dem Bekenntnis zur Subjektivität.

Die Vorlesungen sind in einer brillanten, unakademisch-journalistischen Sprache gehalten. Ihre Schärfe und elegante Rhetorik stehen ganz im Zeichen der Agitation. Mit ihnen initiierte Brandes, der bedeutendste und umstrittenste skandinavische Kritiker, den »Modernen Durchbruch«, und kein zeitgenössischer Schriftsteller in Skandinavien und Deutschland konnte sich fortan dem Bann des ›Brandesianismus‹ entziehen.   FRANZ J. KEUTLER

Holger Drachmann

* 19. Oktober 1840 in Kopenhagen (Dänemark)
† 14. Januar 1908 in Hornbæk (Dänemark)

Bereits als junger Mann Bekanntschaft mit Edvard und Georg Brandes und den Ideen des ›Modernen Durchbruchs‹; zunächst Kunstmaler, dann Schriftsteller und Übersetzer (u.a. von Byrons *Don Juan*, 1892); Bruch mit Georg Brandes in den 1880er Jahren; Hinwendung zu neuromantischen und nationalen Themen.

Das lyrische Werk

Die Gedichtsammlungen vom Debüt *Digte*, 1872 (Gedichte), bis zu den postum erschienen *Genganger Digte*, 1910 (Wiedergänger Gedichte), sind nach Inhalt, Ton und Stil sehr unterschiedlich und weisen sowohl radikal-pathetische wie auch romantisierende, schwärmerisch-verträumte Züge auf.

Die Begegnung mit Flüchtlingen der Pariser Kommune und der sozialen Not englischer Arbeiter während eines Londonaufenthaltes 1871 prägen Drachmanns ersten Gedichtband *Digte*, den er seinem Förderer Georg Brandes widmete. Thematisiert wird hier der Gegensatz zwischen der biedermeierlichen Idylle in Dänemark und der Welt außerhalb der Landesgrenzen, wo fundamentale Umwälzungen stattfinden (»Ude og Hjemme«, Draußen und Zu Hause). In Übereinstimmung mit dem sozialkritischen Anspruch des ›Modernen Durchbruchs‹ wird die Kenntnis der Welt »draußen« als Voraussetzung für deren ästhetische Bewältigung im Gedicht behauptet (»Da Bygen kom op«, Als der Regenschauer kam). Deutliche Sozialkritik wird in den Tendenzgedichten »Engelske Socialister« (Englische Sozialisten) und »King Mob« (König Mob) geübt. Die romantisierenden Züge, die den Zeitgedichten anhaften, treten in den Rollengedichten, wo der Seemann (»Skipperen Synger«, Der Schiffer singt) und der Landsknecht (»Landsknægtens Vise«, Des Landsknechts Lied) ihr Leben besingen, noch deutlicher hervor. Auch die Stimmungslieder des Debütbandes (z.B. »I de lyse Nætter«, In den hellen Nächten) weisen über den politischen Lyriker hinaus.

Die Sammlung *Dæmpede Melodier*, 1875 (Gedämpfte Melodien),

setzt die eingeschlagene Richtung mit Zeit- und Rollengedichten sowie epischen Liedern fort. Einen Höhepunkt dieser Phase bildet das von eigenen Erlebnissen getragene Gedicht »Med høj Horisont« (Mit hohem Horizont). Darin erscheint dem Dichter seine geschiedene Ehefrau gleich einer faustischen Gretchen-Vision, um ihn zu inspirieren. Drachmann orientierte sich sowohl an der dänischen Dichtung – an A. Oehlenschläger, C. Richardt, H. V. Kaalund – als auch anderen europäischen Literaturen – z. B. Byron, Goethe, Heine, Ibsen, Bjørnson. Die achtzeilige erzählende Strophe, die er in der Vers- und Strophenlänge nach Belieben variierte, ergibt zusammen mit den wechselnden, wogenden Rhythmen, die auch die unbetonten Silben zur Geltung kommen lassen, die typisch Drachmann'sche Form. Die unregelmäßigen Reime tragen zur Musikalität der Verse bei, unterstreichen Stimmungen und symbolistische Bezüge.

Der Lyrikband *Sange ved Havet*, 1877 (Lieder am Meer), stellt den ersten Höhepunkt dieser selbständigen Form dar. Die Sammlung gliedert sich in vier Teile: die eigentlichen Meerlieder (an Heine und Drachmanns Marinemalerei erinnernd), das Italien-Intermezzo, den Venezia-Zyklus über die todgeweihte Stadt und die ich-bezogenen Epiloggedichte. Das Meer thematisiert Drachmann einerseits durch eine konkrete Darstellung des Wassers und der damit verbundenen Menschenschicksale. Andererseits spürt er eine Affinität mit dieser Naturgewalt, die personifiziert und symbolisch aufgeladen wird (u. a. »Kan du forklare mig, Hav?«, Kannst Du mir erklären, Meer?; »Bøn«, Bitte). Der Übergang zu den nächsten Lyrikbänden ist fließend: *Ranker og Roser*, 1879 (Ranken und Rosen), und *Ungdom i Digt og Sang*, 1879 (Jugend in Gedicht und Lied). Sie enthalten sowohl Gedichte aus dieser Zeit wie auch aus der Jugendphase und aus Drachmanns Romanen, z. B. das bekannte, exotisch-erotische »Sakuntala« aus dem Roman *En Overkomplet*, 1876 (Ein Überflüssiger).

In Drachmanns umfangreichem lyrischen Werk finden sich auch burschikose und volkstümliche Lieder. Einer eher bürgerlichen Phase zuzurechnen sind die Gedichte über den hohen Wert der Mutterschaft, durch die die Frau Teil der umfassenden »All-Natur« wird (vgl. »Det tabte Paradis«, Das verlorene Paradies; »Hvem kalder paa mig«, Wer ruft mich?; der Zyklus »Vor Moders Saga«, Die Saga unserer

Mutter – darin insbesondere »Ved Arnen«, Am Herd – und alle Stücke aus der Sammlung *Gamle Guder og nye*, 1881, Alte Götter und Neue). Antibürgerlich mutet dagegen das von der Romantik übernommene Motiv »des fahrenden Gesellen«, an (u.a. »Hallo i Kroen derinde!«, Hallo, dort drinnen im Krug!; »Jeg er kun det skøre Kar«, Ich bin nur das spröde Gefäß). Im Spätwerk, wie *Sangenes Bog*, 1889 (Buch der Lieder), und *Unge Viser*, 1892 (Junge Lieder), greift Drachmann bisweilen soziale Themen wieder auf, und er besingt – angeregt durch die Verbindung mit seiner neuen Muse »Edith« – erneut die freie Liebe.

Aufgrund ihrer volkstümlichen und ihrer sozialkritischen Ausrichtung, die im weitesten Sinne den Forderungen des ›Modernen Durchbruch‹ entsprach, erreichten Drachmanns Gedichte ein breites Publikum. IRENE FRANDSEN-ROEGER

Jens Peter Jacobsen

* 7. April 1847 in Thisted (Dänemark)
† 30. April 1885 in Thisted (Dänemark)

Studium in Kopenhagen, Promotion in Botanik; Übersetzungen von
Darwins Werken, die diese in Dänemark bekannt machten; Freund-
schaft mit Georg Brandes; kehrte von einer Italienreise an Tuberku-
lose erkrankt zurück; mit seinen beiden Romanen sowie bedeutenden
Novellen und Gedichten führender Vertreter der pessimistischen
Frühmoderne zwischen Naturalismus und Impressionismus.

Die Novellen

J. P. Jacobsens Debütnovelle »Mogens«, 1872 (»Mogens«), galt lange als
Manifest des dänischen Naturalismus. Im ersten Textabschnitt mit
der berühmten Eingangszeile »Sommer war es, mitten am Tage...« wird
die Perspektive, ausgehend von der jütländischen Landschaft, allmählich auf den personalen Fokus der Wahrnehmung gelenkt. Anhand
von vier Episoden werden Lebensabschnitte des Protagonisten
Mogens beleuchtet, von seiner unangepassten Jugend über eine von
bedrohlicher erotischer Kraft bestimmte Phase – die im Symbol des
Brandes ausgedrückt wird, dem seine Jugendliebe zum Opfer fällt –
bis hin zu desparaten Ausschweifungen und der harmonisierenden
Schlussepisode, seiner Heirat mit der Kindfrau Thora. Die Erzählung
nimmt Stationen der Figuren Niels und Erik in Jacobsens *Niels Lyhne*
(1880) vorweg, dessen Protagonist indessen desillusioniert wird.
Einige Dialogszenen integrieren naturwissenschaftliche Diskussionen (Darwin, Haeckel). Indem feinste Nuancen von Farbe, Licht und
Geruch in Exterieur und Interieur verzeichnet werden (Impressionismus), verbinden sich empirische Genauigkeit und atmosphärische
Einfühlung. Im Detail erweist sich der Stil als weniger nüchtern-
distanziert, als es das naturalistische Etikett anzeigt. Es offenbart sich
ein enthusiastisches Bemühen um Unmittelbarkeit, auch wenn die
Wahrnehmung bereits kognitiv vorstrukturiert ist: »als ob es das Auge
war, das dachte«.

»Et Skud i Taagen«, 1875 (»Ein Schuss im Nebel«), erinnert in seiner
Ambivalenz von Phantastik und Psychologie an die Prosa E. A. Poes. In

hohem Erzähltempo wird die Vorgeschichte eines Mordes nachvoll-zogen, den der unterdrückte und benachteiligte Henning aus Eifer-sucht begeht und als Jagdunfall kaschiert. Als die von ihm geliebte Agathe nach dem Tod ihres Verlobten einen anderen heiratet, verfolgt Henning auch diesen jahrelang mit seiner Rache. Von Agathe um Hilfe gebeten, weist er sie ab, woraufhin sie erkrankt und stirbt. Ihre »marmorweißen« Hände, die er noch am offenen Sarg liebkost, schei-nen schließlich im dichten Nebel nach ihm zu greifen. Wie in *Mogens* wirken Interieur und Exterieur teilweise bühnenhaft.

Dies ist in besonders avancierter Form in »Fra skitsebogen«, 1882 (Aus dem Skizzenbuch), der Fall. Ein italienischer Villengarten bildet die Kulisse für Stegreifszenen, die wie Skizzenblätter übereinander-geschichtet werden. Als ein Page eine Eidechse mit einem Steinwurf vertreiben will, findet ein Illusionsbruch statt: Die Szene löst sich auf, bis sie sich als Widerhall ihrer selbst erneut einstellt. Mit dem Satz »Hier hätten Rosen stehen sollen«, der als alternativer Titel der Skizze fungierte, werden Fiktion und Repräsentation modernistisch reflek-tiert.

Mit einem – hier vertikal gegliederten – Bühnenraum operiert auch »To verdener«, 1879 (»Zwei Welten«), ein Text, der erneut die Themen Schuld, soziale Isolation und Determinismus behandelt. Einer armen Dörflerin gelingt es, durch einen Zauber ihre Krankheit loszuwerden: Von einer Brücke aus lässt sie unbemerkt ein magisches Büschel auf eine junge, wohlhabende Touristin in einem Boot fallen, in der Annahme, dadurch würde ihre Krankheit auf diese übergehen. Ihr Aberglaube bringt ihr zwar Genesung, verursacht aber zugleich Schuldgefühle, die sie später in den Freitod treiben.

»Pesten i Bergamo«, 1882 (»Die Pest in Bergamo«), bringt Krankheit und Sündhaftigkeit in eine neue Verbindung: Die Einwohner eines Bergdorfs verfallen angesichts einer Pestepidemie in einen gottesläs-terlichen Rausch. Ein aus dem Umland eintreffender Zug von Flagel-lanten versammelt sich in der Kirche, um die Dörfler zur Besinnung zu bringen. Ein junger Mönch hält dort eine Bußpredigt. Darin wird Nietzsches Diktum vom »Tod Gottes« in einem apokalyptischen Historienspiel variiert: Der gekreuzigte Christus weigert sich, für die verdorbene Menschheit zu sterben.

Der enge Austausch zwischen Jacobsens Kurzprosa und seinen Romanen wird auch in der Erzählung »Fru Fønss«, 1882 (»Frau Fønss«), deutlich, die auf den Roman *Marie Grubbe* (1876) verweist. Die Protagonistin entscheidet sich für eine ›unstandesgemäße‹ Liebesbeziehung und nimmt den sozialen Abstieg in Kauf, obwohl sich ihre Kinder entrüstet von ihr abwenden.

Jacobsens Erzählperspektive richtet sich ernüchtert auf den durch seine Natur determinierten Menschen. Zum anderen aber vermittelt sein Stil eine ästhetische und psychologische Nuanciertheit, die auf (neu-)romantische Sensibilität zurück- bzw. vorausweist. Im Hinblick auf den von Georg Brandes proklamierten Naturalismus nimmt er damit eine Sonderstellung ein. ANTJE WISCHMANN

Frau Marie Grubbe. Interieurs aus dem 17. Jahrhundert / Fru Marie Grubbe. Interieurer fra det syttende Aarhundrede

Der 1876 erschienene, mehrfach ins Deutsche übersetzte Roman schildert am Beispiel einer historischen Gestalt eine unausweichliche soziale Degeneration. Die jütländische Gutsbesitzertochter Marie Grubbe heiratet zuerst den adligen norwegischen Statthalter, geht dann nach einer Beziehung zu ihrem Schwager und einem jungen deutschen Adligen eine Ehe mit einem Angehörigen des Kleinadels ein und wird 16 Jahre später die Frau eines Knechts und späteren Fährmanns. Auf die historische Marie Grubbe hatte bereits Ludvig Holberg in seinen *Episteln* hingewiesen, später gestalteten Steen Steensen Blicher in *Brudstykker af en Landsbydegns Dagbog*, 1824 (*Bruchstücke aus dem Tagebuch eines Dorfküsters*), und H.C. Andersen in »Hønse-Grethes Familie«, 1869 (»Hühnergrethes Familie«), diesen Stoff. Jacobsens Anregung stammt wohl von Georg Brandes.

Jacobsen sucht eine Synthese zwischen dokumentarischer Zeitschilderung und modernem psychologischen Roman. Mit der verrohten Gestalt aus den authentischen Scheidungsakten hat seine überaus sinnliche, aber auch stolze und träumerische Heldin wenig gemein. Ihr Charakter ist viel differenzierter; ihre »Seligkeit der Selbsterniedrigung« wird psychologisch und soziologisch durchleuchtet. Die Lektüre grausam-sinnlicher Sagen und Legenden weckt in der 14-jährigen ein frühes Begehren. Bei der Belagerung Kopenhagens durch die Schweden begegnet sie dem siegreichen Junker Gyldenløve. An seinem Sterbebett werden ihre Illusionen zerstört: Der ideale Held zeigt sich angesichts des Todes erbärmlich feige und lüstern. Nach einer Periode masochistisch getönter Religiosität stürzt Marie sich in das gesellschaftliche Leben der Hauptstadt. Im Bewusstsein ihrer Schönheit heiratet sie den Sohn des Königs. Die Ehe zerbricht, weil der Mann sie in ihrer Weiblichkeit verletzt. Trost findet sie in der kurzen Episode mit dem jungen Remigius, der sie liebt, aber bei einem Unfall ums Leben kommt. In der Ehe mit Palle Dyre wird Marie dann »verwahrlost und verdorben«, wie »ein schönes und edles Kunstwerk in den Händen der Barbaren«. Erst bei ihrem dritten Mann, der sie als Fährfrau arbeiten lässt, erlebt sie subjektiv Liebe und Geborgenheit.

Jacobsen schuf mit diesem Roman das erste große Werk des dänischen Naturalismus, das trotz des historischen Sujets durch die Interieurzeichnung und den archaisierenden Sprachton exemplarisch war. Seine naturalistische Individualpsychologie schildert den Menschen im Kampf mit seinem determinierenden Milieu. Mit der Moral des Individualisten verteidigt er Marie Grubbe: Sie hat gelebt, wie sie nach ihrer Natur leben musste. Die sensible Einfühlung in die Epoche und die farbenreiche Bildersprache riefen allgemeine Bewunderung hervor, wenn auch die ›Irreligiosität‹ auf Kritik stieß. Einhellig bedauert wurde die lose Komposition. Oft als Dokument des Naturalismus unter psychologischen, historischen und philologischen Gesichtspunkten gedeutet, ist das Buch dank der Schönheit seiner Sprache eines der wenigen Werke geblieben, die den ›Modernen Durchbruch‹ in ursprünglicher Frische überdauert haben.   KLL

Niels Lyhne / Niels Lyhne

Der 1880 veröffentlichte Roman geht zurück auf den Plan, ein Buch mit dem Titel »Der Atheist« zu schreiben. Das Interesse des ab 1874 entstandenen Werks aber gilt nicht mehr dem Problem des Atheismus und auch nicht dem historischen Zusammenhang, in dem der Protagonist Niels Lyhne als Repräsentant der Generation von 1830 erscheinen sollte, sondern allein der Entwicklung dieses einzelnen

Menschen. *Niels Lyhne* ist ein psychologischer Entwicklungsroman aus naturalistisch-darwinistischer Sicht.

Die Entwicklung des Helden stellt eine absteigende Lebenslinie dar. Die Geschichte seines Lebens ist die Geschichte seines Scheiterns, dessen tiefere Ursache in seiner durch Erbe und Milieu bedingten zwiespältigen, innerlich gebrochenen Natur liegt. Begabt mit einem Übermaß an Phantasie, ist er unfähig, Traum und Wirklichkeit miteinander in Einklang zu bringen; er bleibt ein Phantast, dem weder Leben noch Kunst gelingen. Alle Versuche, in der Realität zu bestehen, schlagen fehl, sei es in der Liebe, der Freundschaft oder der Ehe. Auch sein Atheismus nimmt zunächst phantastisch-ideologische Züge an, bis er nach schmerzlichen Erfahrungen reduziert wird zu einem jener »Flittergoldnamen für das eine Einfache: das Leben zu tragen, wie es war, und sich das Leben nach den eigenen Gesetzen des Lebens formen zu lassen«. Nachdem seine Frau Gerda kurz vor ihrem Tod Zuflucht im Glauben gesucht hat und er selbst am Sterbebett seines Kindes der Versuchung erlegen ist, Gott um Hilfe anzurufen, bleibt ihm nur Resignation. Er endet in einem passiven Individualismus, der bestimmt ist von der traurigen Einsicht in die absolute Einsamkeit des Menschen und die Unmöglichkeit einer Verschmelzung der Seelen. Im Deutsch-Dänischen Krieg des Jahres 1864, an dem er als Freiwilliger teilnimmt, wird er verwundet und stirbt endlich »den Tod, den schweren Tod«.

In bewusstem Gegensatz zu der Forderung Georg Brandes', die Literatur solle »Probleme zur Debatte stellen«, wollte Jacobsen im Sinne eines konsequenten Naturalismus ›objektiv‹ die Entwicklung eines Menschen beschreiben. Er widersprach daher der Auffassung, Niels sei »als Muster zur Nachfolge aufgestellt«, mit dem Hinweis, »daß es für Naturalisten wie für Kammerdiener [...] keine Helden gibt«. Andererseits nannte er das Werk eine »persönliche Rechenschaft«. Damit ist das streng naturalistische Prinzip durchbrochen. Die persönliche Problematik bewirkte, dass Jacobsen sich mehr als in früheren Werken auch formal vom Naturalismus entfernte, etwa durch die Wiedereinführung des Erzähler-Ichs, das zwar nur einmal direkt hervortritt, aber – wie Jacobsen selbst betonte – das ganze Werk hindurch in lyrischen Weltanschauungsbekenntnissen auftaucht. Damit verbinden sich der Lyrismus des Stils, zahlreiche reflektorische

Partien und die Gliederung in bedeutsame Episoden oder Situationen anstelle einer fortlaufenden Erzählung.

Der Erfolg war zunächst nur gemischt. Die Brüder Brandes waren enttäuscht; begeistert urteilten dagegen Ibsen und Kielland. Die weitere Wirkung war dagegen groß, besonders während der impressionistischen und neuromantischen Phase. Vor allem in Deutschland übte dieser mehrfach übersetzte Roman von allen Werken Jacobsens den stärksten Einfluss aus. Kaum ein Schriftsteller an der Wende zum 20. Jh. blieb von ihm unberührt. Von besonderer Bedeutung war er für die Entwicklung Rilkes, dem es auch wesentlich zu verdanken ist, dass dieses und die übrigen Werke Jacobsens in Deutschland so lebendig geblieben sind. HEINRICH FAUTECK

August Strindberg

* 22. Januar 1849 in Stockholm (Schweden)

† 14. Mai 1912 in Stockholm (Schweden)

Abgebrochenes Medizinstudium; Lehrer, Journalist und Bibliotheks-
sekretär; erste Dramen in den 1870er Jahren, literarischer Durchbruch
mit dem Roman *Röda rummet* (1879); zahlreiche Auslandsaufenthalte
in Paris, der Schweiz, Deutschland, Dänemark und England; Beschäftigung mit Malerei, Fotografie, Naturwissenschaften, Alchemie und
Okkultismus; Bekanntschaft und Briefkontakt u.a. mit Georg Brandes,
Friedrich Nietzsche und Edvard Munch.

Das rote Zimmer. Schilderungen aus dem Leben der Künstler und Schriftsteller / Röda rummet. Skildringar ur artist- och författarlifvet

Der Titel des 1879 veröffentlichten Romans bezieht sich auf das ›Rote
Zimmer‹ des berühmten Stockholmer Restaurants Berns, in dem sich
Künstler und Journalisten regelmäßig trafen. In losen Szenen werden
das mühsame Leben dieser Künstler und ihre Konfrontation mit der
Gesellschaft und der neuen Zeit geschildert.

Der Assessor Arvid Falk, die zentrale Figur des Romans, erkennt
recht bald die Nutzlosigkeit eines Beamtendaseins, das vom Autor
mit beißender Ironie karikiert wird. Da Arvid von seinem Bruder,
dem Großhändler Carl Nikolaus Falk, keinerlei Unterstützung mehr
erwarten kann, versucht er zunächst, seiner Dichterberufung zu folgen. Eine groteske Szene bei dem allmächtigen Verleger Smith, der
nicht einmal die Namen der bedeutendsten Dichter genau kennt, gibt
ihm Aufschluss über das Literaturgeschäft. Bücher werden durch die
Kritik ›gemacht‹, wobei die Qualität keine Rolle spielt. Die Kritiker
wiederum sind vom Verleger finanziell abhängig. Auch ein Besuch bei
dem berufsmäßig frommen Pastor Natanael Skore, der mehr mit Geld
manipuliert, als dass er sich ›seelsorgerlich‹ bemüht, ist für Arvid Falk
eine schwere Enttäuschung. Skore hingegen betreut den karitativen
Verein, den die Frau von Arvids Bruder aus Langeweile und Renom-
miersucht ins Leben gerufen hat und den der Großhändler bestens für
seine geschäftlichen Intrigen gebrauchen kann. Er deckt mit dessen

Einnahmen schließlich seine Verluste bei der zweifelhaften Seeversicherungsgesellschaft ›Triton‹ und erhält sogar noch einen Orden.

Arvid Falk wendet sich nun ganz seinen Freunden, den Bohémiens, zu. Der bedeutendste unter ihnen ist der ›Philosoph‹ Olle Montanus, ein genialer Autodidakt, dessen beißende Kritik an Schweden ihn als Sprachrohr Strindbergs ausweist. Daneben finden sich verschiedene Maler und Schauspieler, so der Pessimist Falander, vor allem aber routinierte Journalisten, die Bücher rezensieren, die sie nicht gelesen haben. Arvid gerät nun ganz in die Welt der Zeitungen verschiedenster Couleur mit ihren Intrigen und Machenschaften. Als freier Journalist muss er feststellen, dass die ›Wahrheit‹ nirgendwo zu finden ist, dass Manipulation und Patronage die konservative ebenso wie die ›fortschrittliche‹ Presse beherrschen. Selbst der Erfolg seines Gedichtbands dient mehr dem Ansehen seines Bruders als ihm selbst. Als Redakteur einer Arbeiterzeitung muss er schließlich zusehen, wie selbst die Arbeiterbewegung von den Mächtigen manipuliert wird und wie bei den Armen Stumpfsinn, Einsichtslosigkeit und mangelnde Energie vorherrschen: Die Ereignisse der Pariser Kommune (1871) gehen spurlos an Schweden vorbei.

Arvid ist schließlich am Ende. Die unerwartete ›Rettung‹ kommt von dem Mediziner Borg, einem Zyniker, der Falk seinen Idealismus gründlich austreiben will. Er nimmt ihn mit auf eine Jacht und erzwingt tatsächlich eine Sinnesänderung bei Falk, die der Autor ironisch im Kapitel »Genesung« beschreibt. Das Ende ist Resignation: Der Philosoph und Weltverbesserer Olle Montanus hat sich das Leben genommen, und aus dem Idealisten Falk ist ein Bürger geworden, der die Sinekure eines Beamtenlebens einer aufregenden Tätigkeit vorzieht.

Mit *Röda rummet* hielt der Naturalismus in Schweden seinen Einzug. Von der zeitgenössischen Kritik wurde das Werk vor allem mit den Romanen Zolas verglichen, von denen es sich aber durch seine ironische und satirische Haltung sowie durch die poetischen Schilderungen der Stadtlandschaften Stockholms deutlich unterscheidet. Zudem sind die Kapitel über das Beamtentum, über Verleger, Zeitungen und die Kirche derart satirisch überspitzt, dass sie kaum mehr dem Naturalismus mit seinem Objektivitätsanspruch zuzurechnen sind, sondern einerseits auf Vorbilder wie Mark Twain zurück-, andererseits auf die späteren surrealistischen und expressionistischen Phasen des Dichters vorausweisen. Die anfänglich enorme gesellschaftskritische Wirkung des Buches flachte durch den sozialen Fortschritt in Schweden bald ab. Zurück blieb ein Klassiker schwedischer Prosa und ein bedeutender Beitrag zur Literatur des Naturalismus. FRITZ PAUL

Der Vater / Fadren

Die Uraufführung des 1887 erschienenen dreiaktigen Trauerspiels fand am 14. November 1887 in Kopenhagen statt, die deutsche Erstaufführung an der Freien Bühne in Berlin am 12. Oktober 1890. Hauptfigur ist der Rittmeister, ein gebildeter Mann in mittleren Jahren, der sich mineralogischen Studien widmet. In seinem Haus ist er nur von Frauen umgeben, von seiner Frau Laura, seiner Tochter Bertha, seiner Schwiegermutter und seiner alten Amme Margret. Zwischen ihm und seiner Frau gibt es Unstimmigkeiten, da beide unterschiedliche Pläne in Bezug auf ihre Tochter haben. Laura versucht schon seit Langem, durch mancherlei Intrigen seinen Einfluss als Familienoberhaupt, vor allem auf die Erziehung ihres einzigen Kindes, auszuschalten. Zu diesem Zweck streut sie Gerüchte aus über angebliche Symptome einer beginnenden Geisteskrankheit des Rittmeisters. Ein alter Brief von ihm an seinen Arzt, in dem er die Besorgnis äußert, den Verstand zu verlieren, ist ein willkommenes Beweismittel. Um den jähzornigen Mann zu provozieren und am Fortführen seiner wissenschaftlichen Arbeit zu hindern, fängt sie an ihn gerichtete Briefe ab. Dr. Östermark, den neuen Bezirksarzt, versteht sie geschickt auf ihre Seite zu ziehen, indem sie scheinbar bekümmert von den unberechenbaren Anfällen ihres Mannes erzählt. Ihren letzten und größten Trumpf aber spielt sie vor dem Rittmeister selbst aus. Sie nährt den – zunächst nur im Konjunktiv angedeuteten – Zweifel, ob er wirklich Berthas Vater ist. Die Überlegung, kein Mann könne jemals die unumstößliche Gewissheit haben, der Vater seines Kindes zu sein, wird zur quälenden Wahnidee des Rittmeisters und verschlimmert seinen ohnehin schon labilen Gemütszustand so sehr, dass er nach einer Auseinandersetzung, in der seine Frau ihm mitleidlos seine bevorstehende Entmündigung ankündigt, eine brennende Lampe nach ihr wirft. Am nächsten

Morgen hat Laura bereits alle notwendigen Verfügungen für seine Einweisung in eine psychiatrische Anstalt getroffen. Indem sie sanft von seiner Kindheit redet, legt die Amme Margret dem gebrochenen Mann eine Zwangsjacke an. In ihren Armen erleidet er einen tödlichen Herzanfall.

Das häufig als ›naturalistisch‹ klassifizierte Drama verrät in formaler Hinsicht die Auseinandersetzung mit André Antoines 1886 in Paris gegründetem ›Théâtre libre‹. Die von den französischen Naturalisten gestellte Forderung nach Einheit von Zeit, Ort und Handlung ist mustergültig erfüllt: Die drei Akte spielen im Wohnzimmer des Rittmeisters im Verlauf eines Tages und des darauffolgenden Morgens. Bereits in der ersten Szene werden die handlungstragenden Motive des Stücks, die Frage des Erziehungsrechts und der Zweifel an der Vaterschaft, angedeutet und ballen sich im Verlauf des Stücks mit an die klassische Tragödie gemahnender Unausweichlichkeit zur Katastrophe. Durch eine ins Allgemeine weisende Typisierung seiner Figuren und eine mythologische Überhöhung des Geschehens werden die Grenzen einer naturalistischen, psychologischen Fallstudie jedoch überschritten. Es geht auch um den ›Kampf der Gehirne‹, um die Frage, wie ein Individuum Macht über das andere erlangen kann. Laura gelingt das mittels der Sprache, des Einsatzes des Konjunktivs, mit dem sie den Rittmeister, der sich auf die Macht der Konvention beruft, grundlegend erschüttert.   KARIN HOFF

Die Hemsöer. Eine Erzählung aus dem Schärenmeer /
Hemsöborna. Skärgårdsberättelse

Den 1887 erschienenen Roman, in dem sich Strindberg »von der Problemlösung« freimachte und eine »reine Schilderung der Natur und des Volkslebens« geben wollte, bezeichnete er selbst als ein »Intermezzo scherzando«. In der Einleitung zur deutschen Ausgabe schreibt er, er habe »das Lichte, Lächelnde im Leben der Schärenleute, wenn es sich licht gestaltet«, dargestellt. Um so seltsamer ist es, dass er diese humorvolle und unproblematische Erzählung fast gleichzeitig mit *Le plaidoyer d'un fou* und *Fadren* schrieb – in Lindau am Bodensee, weit entfernt vom Stockholmer Inselmeer, wo er sich so gern aufhielt. Die örtliche Distanz und das Heimweh waren wohl die Ursache dafür, dass

Strindberg hier ein völlig unpolemisches Werk schuf, das in pittoresken Einzelheiten das Leben der Leute auf den Schären wiedergibt.

Carlsson, »ein kleiner vierschrötiger Wärmländer mit blauen Augen und einer Nase, die so krumm war wie ein Doppelhaken«, der »schon früh eine entschiedene Unlust zu körperlicher Arbeit, dagegen ein unglaubliches Erfindungsvermögen, sich dieser unangenehmen Folge des ›Sündenfalls‹ zu entziehen«, zeigt, verdingt sich auf der Insel Hemsö im Stockholmer Schärenhof bei der Witwe Flod, um für Feld und Vieh zu sorgen, womit sich seit dem Tod ihres Mannes sonst niemand befassen wollte. Vielseitig, schlau, wendig und strebsam, versteht er es geschickt, Madame Flods Gunst zu erringen. Von vornherein ist er auch etwas Besseres als die anderen Knechte: »Er rüstete und er ordnete, er arbeitete selber für zwei: er hatte eine Fähigkeit, die Leute in Bewegung zu setzen, die allem Widerstand trotzte.« Er ist ein vorzüglicher Taktiker und Organisator – »mit einem Wort eine Gestalt, die ihre Umgebung überragte« – und bringt mit modernen Methoden die vernachlässigte Landwirtschaft auf Hemsö wieder in die Höhe. Dadurch gerät er in Konflikt mit dem Sohn der Witwe, Gusten, der in ihm einen Konkurrenten um die Macht auf dem Hof sieht. Zu Recht, denn Carlsson wirbt erfolgreich um Madame Flod und bringt es durch diese Heirat zum Hofbesitzer. Als er auch Aktionär und stellvertretendes Aufsichtsratsmitglied einer Feldspatgesellschaft wird und die Häuser der Insel an einen deutschen Professor für dessen Sommerurlaub vermieten kann, hat er den Zenit seiner Laufbahn erreicht. Doch dann werden die Aktien wertlos, und als seine Frau an einem Wintertag herausfindet, dass er sie mit einer Magd betrügt, kommt es zum Fall: Sie ändert kurz vor ihrem Tod, den sie durch eine bei ihren Nachforschungen zugezogene Lungenentzündung selbst verursacht, ihr Testament zugunsten des Sohnes und degradiert so den inzwischen »schon fett gewordenen« Carlsson zum Außenseiter, der auf der Insel keine Perspektive mehr hat. Bei der Leichenfahrt bricht dieser im Eis ein und versinkt mitsamt dem Sarg der toten Madame im Meer.

Hemsöborna ist stärker noch als der acht Jahre früher erschienene Roman *Röda rummet* dem Naturalismus verpflichtet. Detailliert sind die Schären und ist das harte Leben der Schärenleute gezeichnet. Strindberg wollte ursprünglich ein soziologisches Standardwerk über die Landbevölkerung von ganz Europa schreiben, und so ist auch dieser Roman »eine physio-psycho-philosophico-naturalistische Schilderung«. Was bei Strindberg jedoch das naturalistische Programm sprengt, ist seine idyllisch-humoristische Betrachtungsweise, die den Roman (den der Autor selbst 1889 zu einer Komödie umarbeitete) zu einem seiner populärsten Texte in Schweden werden ließ.

FRANZ J. KEUTLER

Fräulein Julie. Ein naturalistisches Trauerspiel / Fröken Julie. Ett naturalistiskt sorgespel

Der 1888 erschienene Einakter wurde am 14. März 1889 in Kopenhagen uraufgeführt; die deutsche Erstaufführung erfolgte am 3. April 1892 an der Freien Bühne in Berlin.

Die Handlung basiert auf einer Zeitungsnotiz über die Affäre einer Adligen mit einem Knecht, die Strindberg mehrere Jahre zuvor gelesen hatte. Schauplatz ist die Gesindeküche eines gräflichen Hauses zur Zeit der Mittsommernacht. Julie, die Tochter des Grafen, benutzt dessen Abwesenheit dazu, sich Jean, dem Diener ihres Vaters, zu nähern. Sie fordert ihn zum Tanz auf und benimmt sich ihrem Untergebenen gegenüber bald aufreizend kokett, bald herrisch und hochmütig. Jean fühlt sich durch die Avancen, die sie ihm macht, zwar geschmeichelt, fürchtet jedoch das Gerede der Leute und den Zorn seines Herrn. Trotz seiner Warnungen wird das Fräulein immer zudringlicher und weckt mit spöttischen und verletzenden Worten die Begierde des Mannes, der wie ein Herr zu sprechen und sich auch so zu kleiden versteht und damit den Eindruck eines ebenbürtigen Partners vermittelt. Um nicht von den ausgelassenen Bauersleuten gesehen zu werden, die sich singend der Küche nähern, fliehen die beiden in Jeans Schlafkammer, wo Julie sich ihm hingibt.

Danach sind die Rollen der Herrin und des Knechts vertauscht. Jean lässt seine charmante Maske fallen: Nun ist er ist der Stärkere, der Herr, Julie die Gedemütigte, von ihm verachtet, weil sie so tief gefallen ist. Allmählich begreift sie die ganze Tragweite des Geschehenen. Jean versucht, sie zur Flucht zu überreden. Das dazu erforderliche Geld entwendet sie aus der Schatulle des Vaters. Doch als der zurückgekehrte Graf nach Jean läutet, legt dieser seine Livrée an und verwandelt sich wieder in den unterwürfigen Diener. Der einzige Ausweg für Julie scheint der Selbstmord zu sein. Jean gibt ihr ein Rasiermesser.

Das Vorwort zu *Fröken Julie*, in dem Strindberg Absicht und Aufbau des Stücks darlegt, wurde zum beispielhaften Dokument des schwedischen Naturalismus und beeinflusste die Entwicklung des modernen Dramas entscheidend. Er greift darin jene Bühnenkunst an, die sich auf ethische Motive stützt und den Zuschauer zwingt, Partei zu ergreifen und Urteile zu fällen. *Fröken Julie* sei ein Schauspiel ohne jede moralische Tendenz, ohne Subjektivität – die einfache wissenschaftliche Demonstration der Tatsache, dass der Stärkere die größere Überlebenschance habe.

Julies Charakter und ihr Verhalten werden nach der naturalistischen Theorie von Vererbung und Umwelt mit unterschiedlichen Ursachen begründet: der schlechten Erbanlage der Mutter, die Kind und Mann früh verlassen hatte, der allgemeinen Degeneration ihrer Familie, der falschen Erziehung durch den Vater, dem Verhältnis zu ihrem charakterschwachen Verlobten und schließlich der durch die Abwesenheit des Vaters bedingten Unkontrollierbarkeit ihres Tuns und der erregenden Atmosphäre der Mittsommernacht sowie der Menstruation, die mit für Julies Stimmungsschwankung verantwortlich sei. Damit werden die Figuren nicht auf einen dominierenden Charakterzug festgelegt, sondern erweisen sich als »Konglomerate aus vergangenen Kulturstufen und künftigen, Stücke aus Büchern und Zeitungen, Stücke von Menschen, abgerissene Fetzen von Feiertagskleidern, die zu Lumpen geworden sind, so wie die Seele zusammengeflickt ist«.

Ungeachtet dieser richtungweisenden Postulate der Vorrede entspricht das Stück nicht den Vorstellungen eines naturalistischen Dramas, wie es etwa Zola gefordert hatte: Es bricht mit der Normenpoetik, und die Einführung von Ballett, Pantomime und musikalischem Zwischenspiel widerspricht auch den Regeln des orthodoxen Naturalismus. Das Machtspiel zwischen Jean und Julie weist zudem über die soziale Differenz hinaus: Vorgeführt werden die Macht der Sprache, über die Jean verfügt, sowie die Macht der gesellschaftlichen Konvention, der Julie unterworfen ist. Das zeigt sich nicht zuletzt auch in ihrer finanziellen Abhängigkeit vom Vater. KARIN HOFF

Matthías Jochumsson

* 11. November 1835 in Skógar (Island)
† 18. November 1920 in Akureyri (Island)

Pfarrer, unternahm mehrere Auslandsreisen; verfasste Lyrik, Dramatik sowie Essays und die isländische Nationalhymne; übersetzte u.a. Shakespeare, Byron und Ibsen ins Isländische, gilt als ›Nationaldichter‹ und einer der populärsten isländischen Lyriker der Neuzeit.

Das lyrische Werk

Das zwischen 1872 und 1935 entstandene lyrische Werk des Autors enthält sowohl Erlebnis- und patriotische Gedankenlyrik als auch Gelegenheitsdichtung. Dabei knüpft er häufig mit direkten Zitaten, Stabreim, Versmaß und Bildsprache unmittelbar an die »Völuspá« der *Edda* an, deren Geschichtsentwurf er aus moderner Perspektive

umdeutet. Im Hymnus »Ó, Guð vors lands...« (O, Gott unseres Landes), der später in der Vertonung durch Sveinbjörn Sveinbjörnsson zur Nationalhymne erhoben wurde, blickt das Ich ergriffen auf die vergangenen 1000 Jahre zurück, die nach dem Bibelwort vor dem Herrn wie »ein Tag« sind und die ihm erscheinen wie »des Morgens dämmerkalte, strömende Tränen, die sich erwärmen im Schein der Sonne«. Von den künftigen Jahren erhofft er sich ein Versiegen dieser Tränen und ein Gedeihen des Volkes auf dem Weg des Gottesreiches.

Obwohl Matthías Jochumsson in Dänemark Georg Brandes schätzen gelernt hatte, blieb er zeitlebens ein Gegner des literarischen Realismus, der ihm einen zu engen Rahmen vorzugeben schien. Dass seine Islandgedichte dennoch einen realistischen Ansatz zeigen, hängt eher mit den eigenen ernüchternden Erfahrungen und dem starken Aufschwung der wissenschaftlichen Landeskunde zusammen. Das Gedicht »Íslands minni« (Islands Gedächtnis) beginnt mit dem Gedanken, dass Island seit langem unter den Völkern wenig geachtet sei, dass aber dieses Land und sein Volk untrennbar zusammengehörten. Unter dem Eindruck eines verheerenden Sandsturms erinnert er in einem anderen Gedicht als erster an die Pflicht, durch Bepflanzung die Erosion einzudämmen.

Mit Recht wurde Matthías Jochumsson vor allem ein ›Dichter des Menschen‹ genannt. Auch in seinen Landschaftsgedichten ist immer der Mensch das eigentliche Thema, wie insbesondere »Dettifoss«, das vom größten Wasserfall Europas handelt, deutlich macht. Das großartigste Naturgedicht des Dichters, »Hafís« (Packeis), handelt vom »alten Feind des Landes«, der das Land in manchen Wintern in seinem Griff gefangen hält und Hunger und vielfachen Tod mit sich bringt. Am Ende werden die Schreckensvisionen von einem Friedhof mit 100 000 Gräbern durch den Hinweis auf die Vorsehung Gottes teilweise aufgefangen.

Kein anderer isländischer Dichter hat so viele Gedichte über Menschen geschrieben wie Matthías Jochumsson – zum Teil auf Gestalten der isländischen Geschichte, meist aus der Perspektive ihrer Todesstunde. Dies gilt für die Gedichte über Snorri Sturluson, der 1241 ermordet wurde (»Víg Snorra Sturlusonar«, Die Ermordung Snorri Sturlusons), den letzten katholischen Bischof Jón Arason (»Jón Arason á aftökustaðnum«, Jón Arason an der Hinrichtungsstätte), Eggert Ólafsson, der mit seiner Frau bei einer Überfahrt im Boot ertrank (»Eggert Ólafsson«), und sein großes Vorbild als religiöser Dichter, Hallgrímur Pétursson. So wie Hallgrímur das Leiden Christi in Beziehung zu seiner isländischen Umwelt setzte, so vergleicht Matthías Jochumsson in seinem Gedicht Hallgríms Situation mit dem Jerusalem vor dem Tode Jesu, dessen Bild am Ende mit dem des dornengekrönten Christus verschmilzt.

Ein großer Teil der Gedichte besteht aus Nachrufen in Gedichtform (›erfiljóð‹) – eine Gattung, die auf Island schon im Mittelalter eine starke Tradition hatte. Teilweise entstanden sie spontan als Trost für die Hinterbliebenen und als Denkmäler der Erinnerung an Verwandte, Freunde und Bekannte, häufig aber auch als Auftragsarbeiten. In dieser Gruppe zeigt sich am deutlichsten, dass die große Produktivität des Dichters – sein lyrisches Werk umfasst nicht weniger als fünf Bände – häufig auf Kosten der Qualität ging. Dennoch finden sich auch unter den Gelegenheitsgedichten wahre ›Perlen‹, die abseits ausgetretener Bahnen eine starke persönliche Beteiligung und dichterische Inspiration verraten, so dass Matthías Jochumsson in dieser Gattung mit Recht in eine Reihe mit isländischen Autoren wie Egill Skallagrímsson und Bjarni Thorarensen gestellt wurde.

Grundelemente aller Gedichte sind Glaube und Menschlichkeit. Beide sind für Matthías Jochumsson untrennbar miteinander verbunden, was dazu führte, dass er kirchliche Lehren, die ihm unmenschlich erschienen, ablehnte. Er nahm für sich das Recht in Anspruch, auf eigenen Wegen nach der Wahrheit zu suchen, und seine vielen religiösen Gedichte sind so auch immer Zeugnisse seiner eigenen Glaubensvorstellungen und Glaubenskämpfe. Jenseits aller Zweifel sind fast alle Werke von einem tiefen, bisweilen geradezu kindlichen Gottvertrauen durchdrungen. Etliche seiner religiösen Gedichte gehören zum Kernbestand der isländischen Kirchenlieder.

Unter seinen vielen Übersetzungen finden sich auch zahlreiche Gedichte, und manche davon lassen sich in ihrer sprachlichen Kraft seinen eigenen Werken durchaus an die Seite stellen.

GERT KREUTZER

Alexander Lange Kielland

* 18. Februar 1849 in Stavanger (Norwegen)
† 6. April 1906 in Bergen (Norwegen)

Studium der Rechtswissenschaften; vor dem schriftstellerischen
Debüt (1879) Leiter einer Ziegelei; gehörte während seines nur gut
zehn Jahre dauernden literarischen Wirkens zum Kreis der ›Männer
des Modernen Durchbruchs‹ um die Kopenhagener Brüder Edvard
und Georg Brandes; später Bürgermeister in Stavanger und Amtmann
in Romsdal; sein relativ schmales Werk enthält wichtige sozialkritische Gesellschaftsschilderungen; wird zu den ›vier Großen‹ der norwegischen Literatur gezählt.

Garman & Worse. Schiffer Worse / Garman & Worse. Skipper Worse

Die beiden 1880 und 1882 erschienenen Romane *Garman & Worse*
(dtsch. ca. 1880, J. C. Poestion) und *Skipper Worse* (*Schiffer Worse*, 1882,
M. Ottesen) stellen eine Zeitchronik dar, in der die Entwicklung eines
westnorwegischen Handelshauses im Mittelpunkt steht, wobei der
später entstandene zweite Roman einen Zeitraum um 1840 behandelt
und die Vorgeschichte des ersten erzählt, der in den 1870er Jahren
spielt. Die Aufforderung, einen Roman zu schreiben, erhielt Kielland
nach seinem erfolgreichen Debüt mit einem Erzählband von dem
einflussreichen dänischen Kritiker Georg Brandes, zu dem er in dieser
Phase regen Kontakt unterhielt. Er teilte dessen anti-idealistische
und sozialkritische Programmatik des ›Modernen Durchbruchs‹, zu
dem seine Romane einen bedeutenden Beitrag leisten sollten. Große
Wirkung erzielten die Texte nicht zuletzt in Deutschland, wo Thomas
Mann zu ihren Bewunderern gehörte. In den *Buddenbrooks* (1901) sind
Einflüsse Kiellands nicht nur in der Konzentration auf ein Patrizier-
geschlecht erkennbar, sondern auch motivisch und erzählerisch nach-
weisbar.

Lob und Anerkennung fanden vor allem die realistische und an-
schauliche Milieuschilderung und die Kompositionskunst der
Romane, die durch ein komplexes Netzwerk von Oppositionen und
ein Ineinandergreifen verschiedener Handlungsstränge strukturiert

sind. Während *Skipper Worse* das Milieu und die Werte der Patrizier-
kultur anschaulich macht und es mit der Verquickung von wirtschaft-
lichem Denken und neuem religiösem Ideengut kontrastiert, repräsentiert durch die strenge Tradition der pietistischen Haugianer,
führt der Anbruch einer neuen Zeit der Technisierung in *Garman &
Worse* zur Leitdichotomie von ›Innovation versus Tradition‹, die durch
den Übergang von der Segel- zur Dampfschifffahrt und den für den
Handlungsgang zentralen Bau eines Dampfschiffs symbolisch umge-
setzt wird. In dem erstgenannten Roman gerät das traditionsreiche
Handelshaus Garman durch ein aufstrebendes Kleinbürgertum unter
Druck, das durch neue Fischfangmethoden ökonomisch und durch
einen neuen Glauben ideologisch erstarkt ist. Gerettet wird die Firma
durch den finanzkräftigen Kapitän Worse, der als Kompagnon in das
Geschäft einsteigt, allerdings in seiner Ehe mit der bigotten und frus-
trierten Sara seiner Schaffens- und Lebenskraft beraubt wird. Als eine

Generation später die Handlung von *Garman & Worse* einsetzt, ist die
Modernisierung fortgeschritten, und die sozialen wie die politischen
Gegensätze haben sich verschärft. Die gesellschaftliche Doppelmoral
und das Eingehen einer ›Versorgungsehe‹ ruinieren das Leben der
jungen Frauen Madeleine und Marianne, doch einer Zukunftshoff-
nung wird durch die Verbindung der Nachkommen der Familien Garman und Worse, Rahel und Jacob, Ausdruck gegeben. Sie verkörpern
Ehrlichkeit, Fleiß und emanzipatorische Tendenzen. Kritisiert werden
nicht nur Armut und soziales Elend, sondern in erster Linie die Selbst-
zufriedenheit des Bildungsbürgertums und die verlogene und reaktionäre Haltung der Kirchenvertreter.

Vor allem im ersten Roman ist dieses vielfältige Gesellschafts-
panorama facettenreich und in erzählerischer Perfektion entfaltet.
Es gibt keine eigentliche Hauptperson – der Autor selbst sprach von
einem ›Gruppenroman‹, in dem alle Figuren die Hauptrolle spielen
wollten – sondern die Interaktion des Personals bringt, nicht zuletzt in
den großen Gesellschaftsszenen, die mit der Modernisierungsproble-
matik verbundenen vielfältig verwobenen Konflikte zum Ausdruck.
Als tragendes Strukturprinzip verwehren diverse Dreieckskonstella-
tionen einfache Gegenüberstellungen von alt und neu, arm und reich,
gut und böse. Die handlungsleitenden Konflikte werden auf verschie-

dene Weise durchkreuzt und verkompliziert: durch gegensätzliche Figurentypen, wie den prinzipienfesten Konsul und seinen leichtlebigen Bruder, durch die Konfrontation von Wertsetzungen und Milieus der sozialen Klassen und durch die Dichotomie der Geschlechter, durch die unterschiedliche Haltungen gegenüber dem zeittypischen Emanzipationsdiskurs zum Ausdruck gebracht werden. Auch die Debatte um die ›wahre Frau‹ wird durch die Repräsentation von Maskierungen und Verstellungen eines einfachen Referenten beraubt.

Insofern stellt die häufig vorherrschende Meinung, Kiellands Romane seien vor allem zeitgebundene Sozialkritik, eine Vereinfachung dar. Wenn auch mit ironisierenden Kommentaren und Mitteln der Satire durchaus gelegentlich Wertungen vorgegeben werden, überwiegt ein zurückhaltender Erzähler. Stetige Wechsel der Fokalisierungsinstanz und zwischen direkter, indirekter und erlebter Rede führen zu einer Balance von Identifikation und Distanznahme und resultieren in einer narrativen Ambivalenz. Die dargestellten sozialen, ökonomischen und kulturellen Umbrüche werden so als Konfliktpotenzial vorgeführt, in das eine Vielzahl zeittypischer Diskurse eingegangen ist, ohne vereinfachte Lösungen anzubieten.

ANNEGRET HEITMANN

Jonas Lie

* 6. November 1833 in Eiker (Norwegen)
† 5. Juli 1908 in Østre Bærum bei Oslo (Norwegen)

1851–1858 Jurastudium in Kristiania (Oslo); nach einem Bankrott mit Spekulationsgeschäften ab 1868 Schriftsteller; 1871–1874 in Rom; ab 1874 lebenslängliches staatliches Stipendium; ab 1878 in Deutschland und Österreich; 1882–1906 in Paris; entdeckte Nordnorwegen als Stoff für die moderne Literatur; inspirierte mit seinem impressionistischen, psychologisierenden Stil und seinen breitangelegten Familienromanen u.a. Strindberg, Hamsun, Bang und Thomas Mann.

Die Familie auf Gilje. Roman aus dem Leben unserer Zeit / Familien paa Gilje. Et Interieur fra Firtiaarene

Hauptschauplatz des 1883 erschienenen Romans ist die mittelnorwegische Landschaft Valdres etwa zwischen 1840 und 1860. Die Mitglieder der Familie auf Gilje sind Hauptmann Jæger, seine von ständigen Alltagssorgen zermürbte Frau, ihr Sohn und ihre zwei Töchter. Der eigentlich gutmütige Hauptmann bietet in seiner cholerischen, wenig umgänglichen Art geradezu das Musterbeispiel eines Haustyrannen. Die Lösung des Problems, wie die Familie mit seinen geringen Einkünften ein möglichst standesgemäßes Leben führen könne, überlässt er seiner Frau.

Um die Zukunft ihrer beiden heranwachsenden Töchter zu sichern, greifen die Eltern auf eine konventionelle Lösung zurück: Sie bringen sie im Haushalt von Verwandten unter. Die auffallend hübsche und lebenslustige Inger-Johanna reist in die Hauptstadt Kristiania (heute Oslo), wo sie im Haus einer wohlhabenden und angesehenen Tante Aufnahme findet und in die Gesellschaft eingeführt wird. Thinka, eine »weiche Natur«, »warm und empfänglich«, kommt in ein einfacheres Milieu und verliebt sich in den armen Schreiber Aas, weshalb sie auf elterliches Geheiß unverzüglich nach Hause zurückkehren muss. Ein verwitweter, ältlicher Vogt scheint den Eltern, nicht zuletzt aufgrund seines Wohlstands, ein angemessener Partner für Thinka zu sein, und so wird sie schließlich, wenn auch widerstrebend, seine Frau.

Die energische, durch das Leben in der Großstadt schnell an Selbständigkeit gewöhnte Inger-Johanna, durch den Einfluss des Studenten Grip auch innerlich gereift, trennt sich hingegen von ihrem Verlobten, obwohl er eine ›gute Partie‹ gewesen wäre, denn »haben auch Thinka und die anderen sich gefügt – mich tritt keiner nieder!« Grip, der sich zunächst in der Rechtswissenschaft versuchte, will »ganz einfach Schullehrer werden«. Sein Erziehungsgrundsatz ist, »das Pflichtgefühl in der Jugend in uns zu wecken, wenn wir einst tüchtige Menschen werden sollen«. Aber an der Unvereinbarkeit von Ideal und Wirklichkeit muss er zerbrechen: »Für alle unsere besten Gedanken und Ideen gibt es nämlich in der praktischen Welt keine Verwendung! Nicht einmal so viel, daß es einem Manne möglich wäre, damit durchzudringen und sich dadurch unglücklich zu machen.« Er wird alkoholabhängig und stirbt. Inger-Johanna aber übernimmt sein geistiges Erbe (»er gab mir etwas, wofür ich leben kann«): Sie wird Lehrerin in einer abgelegenen Gemeinde.

Die Frauengestalten sind mit besonderer Anteilnahme gezeichnet. Die Sympathie des Erzählers gilt vor allem der willensstarken Inger-Johanna, sein Mitleid und sein Respekt der abgearbeiteten Hauptmannsfrau. Lie ist ein scharfer Beobachter, dem kaum ein Detail entgeht. In Übereinstimmung mit den Forderungen Georg Brandes' hebt er die familiäre und gesellschaftliche Diskriminierung der Frau deutlich ins Bewusstsein, doch trotz der dezidiert realistischen Darstellung schlägt der Ton nie in eine direkte Anklage um. Die Wärme, die den Personen entgegengebracht wird, und der von jedem Sarkasmus freie Humor erzeugen eine Atmosphäre der Versöhnlichkeit und des guten Willens, die das Buch selbst für konservative, bürgerliche Kreise akzeptabel machte.

Die Dialogführung ist flüssig und weist vielfach impressionistische Stilmerkmale auf. Die Briefe von den Kindern oder über sie, die sich die Eltern gegenseitig vorlesen und deren Lektüre oft durch ihre Kommentare unterbrochen wird, sind locker in die Erzählung eingefügt.

Die Milieuschilderung wirkt trotz der Verwendung einer Alltagssprache nicht ungeschliffen, sondern ist immer von einer intim-poetischen Stimmung getragen. Nicht zuletzt aufgrund dieser Stilmittel kann der Roman auch zu Beginn des 21. Jh.s noch als ein zentrales Werk des europäischen Realismus bezeichnet werden.

FRIEDRICH W. VOLBERG

154

Victoria Benedictsson

* 6. März 1850 in Domme Gård/Schonen (Schweden)
† 22. Juli 1888 in Kopenhagen (Dänemark)

(Pseudo. Ernst Ahlgren) – Eine der wichtigsten Vertreterinnen des
›Modernen Durchbruchs‹ in Skandinavien; 1884 Veröffentlichung
erster Erzählungen unter dem Namen Ernst Ahlgren; Auseinander-
setzung mit gesellschaftlichen Problemen (Ehe, Forderung nach
freier Liebe) in zwei Romanen und zwei dramatischen Texten; enge
Bekanntschaft mit Georg Brandes, Reflexion seiner Ideen u. a. in ihrem
Tagebuch *Stora boken* (Das große Buch); Zusammenarbeit mit dem
Schriftsteller Axel Lundegård; 1888 Freitod.

Geld / Pengar

Der 1885 erschienene Roman, mit dem die Autorin für viel Aufsehen
sorgte und ein großes Publikum erreichte, problematisiert – ebenso
wie das spätere Werk *Fru Marianne*, 1887 (*Frau Marianne*, 1897) – die
bürgerliche Ehe, betrachtet mit den Augen einer von schweren Ent-
täuschungen gezeichneten Frau. Ohne Schlüsselromane zu sein, sind
beide Werke stark autobiographisch geprägt.

 Dem Wunsch ihrer Verwandten folgend, heiratet Selma als uner-
fahrenes Mädchen den weitaus älteren Gutsbesitzer Kristersson, in
der Hoffnung, diese Ehe werde ihr nicht nur zu Reichtum und Ansehen verhelfen, sondern sie auch von ihrer Familie unabhängig machen
und ihr die Möglichkeit eröffnen, ihr Talent als Malerin zu entwickeln.
Selma, die ohne Mutter aufwuchs und keine Freundin hat, mit der
sie ihre Probleme besprechen kann, muss jedoch bald die Erkenntnis
akzeptieren, dass in ihrer als glücklich geltenden Ehe weder Liebe
noch gemeinsame Interessen vorhanden sind. Da ihr eine solche
Beziehung wie eine Form der Prostitution erscheint, konfrontiert sie
ihren Mann mit dem Entschluss, sich entgegen der bürgerlichen Konvention von ihm zu trennen, und argumentiert, dass sie ihr als unmün-
diges Mädchen gegebenes Eheversprechen nicht mehr aufrechterhal-
ten könne. Einen ihr nahestehenden Cousin bittet sie, ihr einen Platz
an einem deutschen Gymnastikinstitut zu vermitteln. Sie weiß, dass
sich ihr Wunsch, Malerin zu werden, nicht mehr verwirklichen lässt.

In diesem leidenschaftlichen Beitrag zur Emanzipationsbewegung im Schweden des ausgehenden 19. Jh.s werden vor allem die finanzielle Abhängigkeit der Frau, die ungleichen Voraussetzungen, unter denen eine Ehe eingegangen wird und die sexuelle Unerfahrenheit der Frau kritisiert. Gefordert wird die völlige Gleichberechtigung der Frau, ihr Anspruch auf künstlerische Selbstverwirklichung wird betont. Mit ihrer beredten Verteidigung der Scheidung als einziger Möglichkeit, eine unerträglich gewordene Ehe zu beenden, reihte sich die Verfasserin in die breite literarische Zeitströmung des ›Modernen Durchbruchs‹ ein. Entsprechend wurde der Roman aufgenommen und von der sich etablierenden Frauenbewegung propagiert. In *Fru Marianne* distanzierte sich Benedictsson indes deutlich von der radikalen Front der Frauenrechtler. ROBERT PECHER

Gustaf Fröding

* 22. August 1860 in Alster (Schweden)
† 8. Februar 1911 in Stockholm (Schweden)

Ab 1880 Studium in Uppsala, ohne Abschluss; 1887–1894 Journalist; verfasste Gedichte, u.a. auf Deutsch und in värmländischer Mundart, Prosastücke und Causerien; ab 1889 mehrmalige Aufenthalte in Nervenheilanstalten; 1897 nach der Veröffentlichung von *Stänk och flikar* in einen Sittlichkeitsprozess verwickelt; noch zu Beginn des 21. Jh.s einer der populärsten Lyriker der schwedischen Literatur.

Das lyrische Werk

Das zwischen 1885 und 1912 entstandene lyrische Werk war in seiner ersten Phase erkennbar von der schwedischen Neuromantik geprägt. Die drei frühesten Gedichtsammlungen, *Guitarr och dragharmonika*, 1891 (Gitarre und Ziehharmonika), *Nya dikter*, 1894 (Neue Gedichte), sowie *Stänk och flikar*, 1896 (Spritzer und Zipfel), enthalten formvollendete Verse, die, einmal von volkstümlicher Schlichtheit, ein anderes Mal in ausgelassenen Tanzrhythmen, die klanglichen Valeurs der Sprache bis zum Äußersten ausnutzen und diese Poesie als einen Höhepunkt der traditionellen schwedischen Lyrik erscheinen lassen. Oft als Pastiches intendiert, stellen die Gedichte intertextuelle Bezüge von der deutschen und englischsprachigen Lyrik über die Literatur des nordischen Mittelalters bis hin zu der der Antike und der *Bibel* her.

   In ihrer Thematik schwankt Frödings Poesie zwischen Verklärung der Wirklichkeit, radikalem Protest gegen die Sinnlosigkeit der Welt sowie sozialkritischem und moralischen Engagement. Verklärend wirkt schon die Idealisierung des Lebens zum Fest, von dem das lyrische Ich ausgeschlossen bleibt, insbesondere aber der von Empathie und Mitleid geprägte Humor, dessen Funktion es ist, »alles Disharmonische, Verkehrte und Elende […] in einem großen, allumfassenden, allverzeihenden, halb schwermütigen, doch mitfühlenden Lachen aufzulösen« (»Om humor«, Über Humor). Und verklärend wirkt schließlich auch die muntere Heiterkeit vieler volkstümlicher Gedichte mit Motiven aus seiner Heimatprovinz Värmland, die Fröding lange Zeit als Ort einer gleichsam natürlichen Lebensfreude betrachtete. Neben solchen Gedichten stehen jedoch unvermittelt andere, welche die Absurdität der Welt entweder mit heimlicher Freude am Grotesken und Skurrilen offenlegen oder aber sich bitter über diese beklagen.

Mit der Sammlung *Gralstänk*, 1898 (Gralsspritzer), wird dieser ›poetische Realismus‹ vorübergehend aufgegeben. Diese Gedichte mit ihrer ›holprigen Form‹, die an Goethes *Sprüche in Reimen* erinnern sollen, und ihrem fragmentarisch anmutenden Charakter reflektieren in fast monomaner Weise das Problem von Gut und Böse sowie die Theodizeefrage und lassen theosophische Einflüsse erkennen. Der Band, der den virtuosen Wohlklang der vorhergehenden Sammlungen mit Absicht preisgegeben hat, erhielt denn auch vorwiegend mitleidige Kritiken, die in ihm eher das Zeugnis einer fortschreitenden Geisteskrankheit erblicken wollten als eigenständige Kunst. Dieses Urteil, das sich noch in vielen Literaturgeschichten findet, hatte bis in die Mitte des 20. Jh.s hinein Bestand und konnte erst unter dem Eindruck modernistischer Poesie revidiert werden, als einer deren Vorläufer *Gralstänk* heute betrachtet werden kann.

1910 wurde von R. G. Berg in Zusammenarbeit mit dem Dichter der Band *Efterskörd* (Nachlese) herausgegeben, der neben vorher unveröffentlichten Jugendgedichten vor allem den Zyklus »Mattoidens sånger« (Gesänge des Mattoiden) mit dem Unterzyklus »Nedanförmänskliga visor« (etwa: Untermenschliche Lieder) enthält. Diese Gedichte versuchen, das Wesen unbelebter Dinge auszudrücken. Auch sie weisen mit ihrer ›Oberflächenästhetik‹ auf Formen einer Poesie voraus, die sich erst in der zweiten Hälfte des 20. Jh.s durchsetzen sollten, wie z. B. »Gråbergssång« (Granitgesang), das vorwiegend aus einsilbigen Versen besteht und konkretistische Züge trägt.

Der nachgelassene Band *Reconvalescentia* (1913) enthält Gedichte und Fragmente aus den allerletzten Lebensjahren und wurde von der Kritik noch einmal »mit wirklicher Wärme« (Berg) aufgenommen. Hier ist Fröding wenigstens teilweise zum ›poetischen Realismus‹ zurückgekehrt, auch wenn die vorher errungenen ästhetischen Freiheiten nicht mehr aufgegeben werden. Die Gedichte dieser Sammlung zeugen von einer relativen Ruhe nach den seelischen Spannungen, die in den Jahren zuvor seine Lyrik bestimmt hatten.

Bis weit in die Mitte des 20. Jh.s hinein hatte Fröding den Rang des unbestritten bedeutendsten Lyrikers seines Landes inne. Sein Einfluss nicht nur auf die moderne Lyrik seiner eigenen Heimat, sondern ebenso auf die der anderen nordischen Länder ist kaum zu überschätzen. Viele seiner Gedichte wurden in die wichtigsten Kultursprachen übersetzt. Literaturwissenschaftlich gesehen war es in den letzten Jahrzehnten allerdings eher still um ihn. LUTZ RÜHLING

Hans Jæger

* 2. September 1854 in Drammen (Norwegen)
† 8. Februar 1910 in Oslo (Norwegen)

1867–1874 auf See; Studium der Philosophie in Oslo; Stenograph beim norwegischen Parlament; Mitglied des intellektuellen Kreises der Kristiania Boheme, Fürsprecher der ›freien Liebe‹; ab 1892 für 16 Jahre als Auslandskorrespondent für verschiedene Zeitungen und als Versicherungsangestellter in Paris; Veröffentlichung weiterer Romane; Gründung der Zeitschrift *Korsaren*.

Kristiania Bohème / Fra Kristiania Bohêmen

Der Roman erschien 1885 in zwei Bänden und steht in der Tradition der europäischen Bohemeliteratur. Er zeichnet die Entwicklungslinie eines jungen Mannes nach, der den Zwängen der gesellschaftlichen Ordnung zum Opfer fällt.

Aus der Perspektive seines Freundes Herman Eek, Alter ego des Autors, werden die entscheidenden Abschnitte aus dem Leben des Studenten, Rechtsanwaltsgehilfen und späteren Offiziersanwärters Jarmann nacherzählt. Nur mit Mühe legt Jarmann fernab von seinem Elternhaus in der Hauptstadt Kristiania sein Abitur ab und eröffnet sich damit den Zugang zur Universität. Ständig wird er jedoch von Depressionen und einer allmählich unüberwindbaren Arbeitsunlust heimgesucht. Anstatt sich auf das erste Examen vorzubereiten, gibt er sich schlechten Gewissens sexuellen Ausschweifungen hin, die er während seiner Pubertät nicht auszuleben wagte.

Jæger veranschaulicht am Beispiel des hilflosen Studenten, dass die bereits im Kindesalter vorgenommene rigide Trennung der Geschlechter und der strenge Moralkodex in einer freudlosen Pflichtethik resultieren, die die Wünsche der jungen Menschen völlig ignoriert und ein nicht mehr einzudämmendes Verlangen schürt, das bald jede disziplinierte Tätigkeit unterminiert.

Analog zu Jægers deterministischem Kunstverständnis ist Jarmanns weiterer Weg vorgezeichnet: Nach anfänglichem Widerstand lässt er sich regelmäßig mit den Prostituierten im Armenviertel Vika ein, bis er zu keinerlei Lustempfinden mehr fähig ist. In Gesprächen mit Eek erkennt er zum ersten Mal einen Zusammenhang zwischen der Lieblosigkeit seiner Jugendjahre und seinem jetzigen trostlosen Dasein. Als er auch für einige Prosaskizzen nicht die erhoffte Anerkennung als Schriftsteller erhält, beschließt er, seinem Leben nach nur 24 Jahren ein Ende zu bereiten.

Ein vergleichbares Schicksal erleidet Eek selbst. Nach zwei provozierenden Vorträgen im Arbeiterverein, in denen er der viktorianischen Moral die »freie Liebe« entgegenhält und die diskriminierend niedrigen Löhne für die Frauen als eine der Hauptursachen der Prostitution entlarvt, wird er von seiner bürgerlichen Umgebung systematisch ins soziale Abseits getrieben. Neue Hoffnung schöpft er erst, als seine Liebe zu der beträchtlich jüngeren Schülerin Gerda, die ihn mit ihrer kindlich-naiven Erotik anzieht, scheu erwidert wird – bis die Eltern ihrer Tochter jeden Umgang mit dem als »unsittlich« verrufenen Bohémien untersagen. Das Ende dieser zärtlichen Freundschaft begräbt gleichzeitig Eeks Träume von der Gründung einer eigenen, progressiven Schule für junge Mädchen. Auch er versinkt in lähmende Grübelei und Kränklichkeit.

Literarhistorische Bedeutung erlangte das Buch unter anderem dadurch, dass es aufzeigt, in welchem Maße bestimmte Dispositionen der Kindheit lebenslang nachwirken. Innovativ ist auch die Verarbeitung dokumentarischen Materials, das eine Fülle intimer Details aus dem Leben von Hans Jæger bereithält und auf diese Weise eine fast brutale Authentizität entstehen lässt. Noch am Tag der Veröffentlichung wurde der Roman von den Justizbehörden beschlagnahmt und der Autor mit einer Arreststrafe belegt. UWE ENGLERT

Herman Bang

* 20. April 1857 in Asserballe/Insel Als (Dänemark)
† 29. Januar 1912 in Ogden/Ut. (USA)

Ab 1878 erfolgreicher Journalist in Kopenhagen; Schauspiel- und Re-
gieversuche; Reisen nach Norwegen, Paris, Prag, Berlin; auf der Flucht
vor Verfolgung wegen seiner Homosexualität; nach skandalträchtigen
Anfängen mit naturalistischer Dekadenz-Prosa Hauptvertreter des
Impressionismus mit psychologisch sensiblen, virtuosen Erzählungen, Essays, auch Lyrik; Tod auf einer Lesereise.

Am Weg / Ved Vejen

Der kurze, 1886 zunächst in der Novellensammlung *Stille Existenser*
(Stille Existenzen) erschienene Roman beschreibt, wie die übrigen
Erzählungen dieser Sammlung, die subtile Seelenlandschaft von Men-

schen, die sich am Rand einer selbstbewussten und verständnislosen
Gesellschaft unmerklich und ohne nennenswerten Widerstand selbst
aufgeben und verkümmern. Die äußere Handlung ist dabei nur das
oft symbolische Tableau für seelische Vorgänge. Wie häufig in Bangs
Werk steht auch hier eine sozial isolierte, sensible, kinderlose Frau im
Mittelpunkt.

 In der dänischen Provinz lebend, erblickt Katinka Bai, deren Ehe
mit einem vital-robusten Stationsvorsteher längst innerlich zerbro-
chen ist, in den vorbeifahrenden Zügen ein Bild der ihr entgleitenden
Zeit, ihrer Verlorenheit und Abtrennung von der vermeintlich so
glanzvollen Welt. Katinka versinkt zusehends in melancholisch-
depressiven Stimmungen, bis die Ankunft des neuen Gutsverwalters
Huus ihrem Leben einen neuen Sinn zu geben scheint. Die anfängliche Sympathie, die hauptsächlich auf der gemeinsamen Distanz zur
Gesellschaft beruht, verwandelt sich allmählich in Liebe, deren Erfüllung jedoch durch die resignativ-morbide Bewusstseinslage und die
gesellschaftliche Isolation beider unmöglich bleibt. Bald nach Huus'
Weggang stirbt Katinka (deren Tod als vergebliches Aufbegehren
eines unterdrückten Körpers lesbar ist), gleichsam lautlos und von
ihrer Umgebung fast unbemerkt.

 Ved Vejen gilt als geschlossenstes und bedeutendstes Werk des dänischen Impressionismus. Vor dem Hintergrund einer humorvoll und mit feiner Ironie gezeichneten Provinzgesellschaft schildert Bang Zustände und Reflexionen eines sensiblen Charakters, der sich dieser Gesellschaft ausgeliefert fühlt. Die Décadence betrifft hier also nicht in erster Linie die Gesellschaft selbst, sondern die ihr ausgelieferten Individuen in ihrer Vereinzelung, wie schon in J.P. Jacobsens *Niels Lyhne* (1880), dessen Einfluss neben dem von Turgenev und J. Lie unverkennbar ist. Durch die jeden auktorialen Eingriff streng vermeidende szenische Erzähltechnik wird mit artistischem Raffinement eine Distanz zum Gegenstand der Erzählung hergestellt, die für Sentimentalität wie für Tragik keinen Raum lässt.

Literaturgeschichtlich bezeichnet der Text den Übergang vom naturalistischen Erzählen Balzacs, Maupassants und Zolas, mit denen Bang sich eingehend auseinandergesetzt hatte, zum modernen psychologischen Roman. Seine Nachwirkungen reichen bis zu Rilkes *Aufzeichnungen des Malte Laurids Brigge* (1910).   FRITZ PAUL   163

Stuck / Stuk

Der Titel des 1887 erschienenen Romans, einer Fortsetzung von *Haabløse Slægter* (1880), verweist auf die prunkhaft überladenen Fassaden der Gründerzeitarchitektur, einer Epoche, die der Autor in einem impressionistischen Gemälde schildern wollte.

Der im positiven Sinn naive junge Journalist Herluf Berg (Bangs Initialen!) ist eine Dekadenzgestalt, die sich im hektischen Treiben der Metropole verloren vorkommt, am eigenen Überdruss, am Beruf, an der Liebe und an der Umwelt leidet und eben damit für eine ganze junge Generation steht. Eine Wende scheint sich abzuzeichnen, als Berg zum Mitdirektor eines Theaters in Kopenhagen berufen wird und damit eine gewisse Rolle in der Kunst zu spielen beginnt. Bald zeigt sich jedoch, dass diese ebenso kommerzialisiert und korrumpiert ist wie die Umwelt. Dem jungen Mann bleibt nur eine grenzenlose Desillusionierung, die seine alte Skepsis und seinen Ennui bestätigt.

Inhaltlich steht dieser erste dänische Großstadtroman in der Nachfolge des Naturalismus. Als Vorbilder sind Zolas *La curée*, 1871 (*Die Beute*), Bjørnsons *En fallit*, 1874 (*Ein Bankrott*), Ibsens *Samfundets støtter*, 1877 (*Stützen der Gesellschaft*), und Strindbergs *Röda rummet*, 1879 (*Das rote*

Zimmer), deutlich erkennbar. Bangs Stilmittel sind indes rein impressionistisch. Im Kontrast zur dekadenten Hauptperson – in ihrer Hoffnungslosigkeit ein Verwandter von J. P. Jacobsens *Niels Lyhne* (1880) – steht die glänzende Fassade der scheinbar so vitalen Stadt, hinter der sich Angst und Verfall verbergen. Sie wird mit Hilfe von Bangs szenischer Erzähltechnik und ohne klar erkennbare Chronologie in zahllosen Momentaufnahmen aus allen Gesellschaftsschichten dargestellt. Dieses Verfahren des Nebeneinanders markiert Bangs Übergang zum modernen Roman. Auch die höchst artifizielle, nuancierte Sprache mit ihrem Hang zu Assoziationen und nicht dechiffrierbaren Symbolen grenzt das Werk deutlich vom Naturalismus ab. FRITZ PAUL

Tine / Tine

Wie die meisten Werke des Autors beschreibt auch dieser 1889 erschienene Roman in autobiographischer Tönung die Situation eines sensiblen, zur Selbstisolierung neigenden Menschen, der mit einer verständnislosen Gesellschaft konfrontiert wird.

Historischer Hintergrund sind der deutsch-dänische Krieg und die dänische Niederlage im Jahr 1864. Der Krieg wird zur pessimistischen Chiffre einer Gegenwelt des Individuellen, das durch die Küsterstochter Tine repräsentiert wird. Diese lebt zunächst als Freundin und Hilfe der Gutsherrin auf dem Hof des Forstmeisters Berg auf der Insel Als. Die Idylle zerbricht jäh mit dem Ausbruch des Kriegs, als die Herrin mit ihrem kleinen Sohn in die Hauptstadt abreist. Berg trifft sich im nah gelegenen Herrenhof mit siegessicheren Honoratioren, die in einer großartig geschilderten Nacht das Debakel der Niederlage erleben: Der in der nationalen Begeisterung für unmöglich gehaltene Fall des Dannevirke (einer mittelalterlichen Befestigungsanlage) zerstört mit dem nationalen Symbol auch alle Illusionen. Nach dieser Katastrophe wird auch Berg einberufen. Inmitten der durch Einquartierungen hochgradig erotisierten Atmosphäre erkennt Tine plötzlich ihre lange unterdrückte Liebe zu ihm, und es kommt zu einer ihrerseits von Entfremdung bestimmten erotischen Begegnung:»Mitten unter den Ruinen seines Hauses […] befriedigte Berg sein peinigendes, nagendes, verzweifeltes Begehren.« Für Tine die Erfüllung ihrer Liebe, ist dieses Ereignis für Berg nur ein flüchtiges Abenteuer. Als er kurz darauf als tödlich Verwundeter von Tine gepflegt wird, hat er nur Augen für seine Jagdhunde. Dieses Verhalten übersteigt Tines Begriffsvermögen und ihre psychische Aufnahmefähigkeit. Durch Bergs Tod jeder Bindung beraubt, nimmt sie sich im Dorfweiher das Leben.

Bang lässt in diesem Roman meisterhaft die Klimax der äußeren Katastrophe mit der seelischen Entwicklung der Titelfigur korrespondieren und schließlich kollidieren. Beide Vorgänge scheinen ohne zwingende Notwendigkeit zu beginnen und treiben am Ende unkontrollierbar dahin. So zerbricht in der nationalen Katastrophe, unbemerkt von allen, das ursprünglich heitere Mädchen an ihrer unaufhebbaren Vereinzelung. Die Dekadenz der Zeit fordert so gleichsam ihr Opfer; und wie schon in Bangs frühen Erzählungen, erscheinen Sexualität und Gewalt als Ausdruck derselben sinnlosen Weltordnung.

Durch den impressionistischen Stil, den der Verfasser nach seinen Vorbildern J. P. Jacobsen, Turgenev und J. Lie weiterentwickelt hat, gewinnt der Roman größte Distanz auch zu den politischen Ereignissen, obwohl das Werk nur fünf Jahre nach der dänischen Niederlage erschienen ist. Der Alltagston der Dialoge ist trügerisch, da sich hinter allen Worten eine Tiefenschicht von Unausgesprochenem und Vieldeutigem mit nicht genau festlegbarer Tiefenlotung verbirgt, am komplexesten in der Konversation der Honoratioren während der Katastrophennacht, ein Passus, der als Höhepunkt dänischer Prosa gilt und den Roman gleichberechtigt neben Bangs Meisterwerke *Ved Vejen* (1886) und *Ludvigsbakke* (1896) stellt.   FRITZ PAUL

Christian Krohg

* 13. August 1852 in Vestre Aker bei Kristiania (Oslo, Norwegen)
† 16. Oktober 1925 in Oslo (Norwegen)

Nach erzwungenem Jurastudium Ausbildung als Maler in Karlsruhe, Berlin, Paris; Schriftsteller und bedeutendster Maler des norwegischen Naturalismus, Mitbegründer der Skagen-Malergruppe in Dänemark, 1890–1910 Journalist in Oslo, 1909–1925 Professor; Direktor der Staatlichen Kunstakademie in Oslo (u. a. Lehrer Edvard Munchs).

Albertine / Albertine

Der 1886 erschienene ›Skandalroman‹ des als Maler und Schriftsteller gleichermaßen bedeutenden Autors gehört zu den Hauptwerken des norwegischen Naturalismus.

Die junge Albertine Kristiansen versucht, durch Näharbeiten zum Lebensunterhalt ihrer Familie beizutragen. Es ist ein trostloses Leben, das sie führen muss – ohne Freunde, zusammen mit ihrer Mutter und ihrem an Tuberkulose unheilbar erkrankten Bruder Edvard. Ihre Schwester Oline, eine frühere Prostituierte, nun verheiratet, ist aus der Gemeinschaft der Familie ausgeschieden und wird von allen verachtet. Albertines Freundin Jossa ist auf dem besten Weg, eine Prostituierte zu werden. Sie nimmt Albertine zu zweifelhaften Veranstaltungen mit, wo sie Jossas Freunde kennenlernt, unter anderen auch Helgesen, für den sie sich begeistert und in den sie sich heimlich verliebt. Helgesen, der sonst Mädchen gegenüber keine Rücksicht kennt, ist gerührt über ihre Naivität und warnt sie vor den Gefahren, die die Bekanntschaft mit Jossa und deren Freunden mit sich bringt. Da wird Albertine in niederträchtiger und gemeiner Weise von dem Polizeihauptmann Winther, der dem unschuldigen Mädchen gegenüber seine Macht ausspielt, verführt – der erste Schritt zu ihrem Untergang ist getan. Mit Winther und auch mit anderen Männern kommt Albertine nun ständig zusammen, bis sie eines Tages aufgefordert wird, sich bei der Polizei einzufinden. Dort lässt Winther sie zusammen mit anderen Prostituierten und Geschlechtskranken untersuchen – sie ist endgültig gezeichnet. Eine letzte Szene zeigt sie als völlig heruntergekommene und verwahrloste Prostituierte.

Bereits einen Tag nach dem Erscheinen wurde das Buch, das vor allem die Methoden der norwegischen Sittenpolizei brandmarken sollte, auf Grund der Verführungsszenen, der Untersuchungsszene und des Schlusstableaus als ›sittenwidrig‹ beschlagnahmt. Ein ungewöhnlicher Sturm der Entrüstung folgte, der zusätzlich zur Popularität des Werks beitrug. Ohne Zweifel empfing Krohg entscheidende Einflüsse von seinem Freund Hans Jæger, dessen Roman *Fra Kristiania-Bohemen* ebenfalls verboten wurde. Wie dieser gehört er heute zu den Klassikern der skandinavischen Moderne.   HEIKO UECKER

CHRISTIAN KROHG

Sophus Claussen

* 12. September 1865 in Helletofte (Dänemark)

† 11. April 1931 in Gentofte (Dänemark)

Begegnung mit Georg Brandes; zentraler Lyriker des ›Modernen Durchbruchs‹ und nach Reisen (1892–1894) und Begegnung mit Verlaine in Paris auch des dänischen Symbolismus; nach Schaffenskrise 1904–1912 zeitdiagnostisches Spätwerk; auch Verfasser von Erzählungen und Romanen.

Das lyrische Werk

Das Frühwerk des Dichters gilt als Höhepunkt der neuromantisch-symbolistischen Dichtung Dänemarks. Er beteiligte sich an der vom französischen Symbolismus beeinflussten Zeitschrift *Taarnet* (Der Turm), die ein knappes Jahr lang (1893/94), von Johannes Jørgensen herausgegeben wurde. Die Phasen in Claussens lyrischem Werk reflektieren teils jene Umbruchzeit um die Jahrhundertwende, teils den Aufbruch in die Moderne.

Die erotische Thematik des Debütbandes *Naturbørn*, 1887 (Naturkinder), trug zur zeitgenössischen ›Sittlichkeitsfehde‹ bei; das Gedicht »Til Alle« (»An Alle«) proklamierte eine »auf Liebe gegründete Lebensanschauung«. Claussens Kritik an der bürgerlichen Sexualmoral und sein Eintreten für die freie Liebe haben ihren Ursprung zwar in den Ideen des ›Modernen Durchbruchs‹; kennzeichnend ist jedoch, dass er den Eros in den Mittelpunkt eines naturlyrischen Ästhetizismus stellt – zunächst mit deutlichen Anklängen an Christian Winther, Emil Aarestrup und den von diesen übersetzten Heine.

In *Pilefløjter*, 1899 (Weidenflöten), wird auch die Verssprache selbständiger und eigenwilliger. Claussens symbolistische Formkunst verwirklicht sich besonders im musikalischen Rhythmus, in den Synästhesien und in der meisterhaften Handhabung der Assonanzen und Reime. Thematisch tritt das Gesellschaftsreformatorische zurück; die Wahrnehmung der Objekte als Symbole innerer Vorgänge, namentlich der Liebe, gewinnt an Bedeutung. »I en Frugthave« (In einem Obstgarten) demonstriert zugleich eine impressionistische Wahrnehmung – »Solnedgangs-Blaaet« (»das Sonnenuntergangsblau«) – und

die Beseelung von etwas so Alltäglichem wie Wäsche auf der Leine –
»Min Sjæl flagred op som et Lin« (»Meine Seele flatterte auf wie ein
Linnen«) –, um den Zustand des Verliebtseins wiederzugeben. Das
anonyme Frauenbild im ersten Band wird allmählich erweitert zu
epochentypischen Figuren wie Madonna, Prostituierter, heidnischer
Göttin, Femme fatale, heiliger Hetäre (z. B. das Titelgedicht des Bandes
Valfart, 1896, deutsch in *Antonius in Paris / Wallfahrt*, H. Grössel, 2011). In
Djævlerier, 1904 (Teufeleien), erscheint der Eros, anknüpfend an Baude-
laire (den Claussen übersetzte) provokativ im Gewand des Satanis-
mus, als dämonische und verdrängte Seite des Daseins.

Das geringe zeitgenössische Verständnis für diese esoterische
Lyrik trug zu Claussens Schaffenskrise der Jahre 1904 bis 1912 bei.
Gerade sie aber führt auch zu den neuen Ausdrucksformen des Spätwerks, das mit *Danske Vers*, 1912 (Dänische Verse), einsetzt. In der Auseinandersetzung mit zeitgeschichtlichen Katastrophenerfahrungen,
namentlich dem Ersten Weltkrieg, greift Claussen auf den Hexameter
zurück, in dem seine weit ausgreifende, oft suggestiv beschwörende
Gedankenlyrik kulminiert (*Heroica*, 1925). »Ekbatana« und »Atomernes
Oprør« (Aufruhr der Atome), Claussens bekannteste Gedichte, umfas-
sen panoramatisch Umwälzungen der Epoche und resümieren sie in
dem Vers: »Alle Atome der Welt verlangen, in Freiheit gesetzt zu werden.«   IRENE FRANDSEN-ROEGER

Ola Hansson

* 12. November 1860 in Hönsinge (Schweden)
† 26. September 1925 in Buyukdere (Türkei)

 Studium der Philosophie in Lund; 1884 Debüt mit *Dikter* (Gedichte);
Literaturkritiker, Prosaautor, Lyriker und Essayist; nach der Sittlichkeitsdebatte wegen erotischer Anspielungen in *Sensitiva amorosa* ab
1889 in Deutschland; Bruch mit dem Naturalismus, Hinwendung zu
modernistischen Erzählverfahren; kulturkritische Essays auch auf
deutsch, z. B. »Das junge Skandinavien« (1891); seine Abhandlung
Friedrich Nietzsche (1895) trug zur Verbreitung von Nietzsches Ideen in
Skandinavien und Deutschland bei.

Sensitiva amorosa / Sensitiva amorosa

Bei seinem Erscheinen im Jahr 1887 stieß der Novellenzyklus auf
nahezu einmütige Ablehnung. Das von der spätnaturalistischen Dichtung in Dänemark und Frankreich (Hermann Bang, J. P. Jacobsen, Paul
Bourget) beeinflusste Werk war eine Antwort auf die rationalistische
und moralisierende Literatur des Naturalismus, die sich nur mit äußeren Konflikten beschäftigte. Hansson interessierte sich hingegen für
die menschliche Psyche. Er beschreibt die unbewussten, unkontrol-
lierbaren Veränderungen der Gefühle und versucht sie zu erklären,
teils physiologisch (»Krankheitsprozesse im Blut und in den Nerven«),
besonders aber in mystischen Bildern (»der ganze unlösbare, geheimnisvolle Schmerz des Daseins«). Die Figuren sind hypersensibel, ihre
»Lebensangst« erlaubt keine nähere Bindung, keine Liebe. Möglich
scheint nur noch eine Liebe aus der Ferne. In einer Novelle tötet die
Ähnlichkeit der Geliebten mit einer Mörderin die Liebe, in einer anderen muss eine Frau für die Faszination eines Abends ein unerfülltes
Leben mit ihrem ungeliebten Mann ertragen.

 Provozierend formuliert der Eingangssatz: »Nun habe ich nur
noch ein einziges Interesse: das Geschlecht zu studieren und zu genie-
ßen.« Dieser Genuss beschränkt sich indes fast immer auf die Analyse,
und die Tendenz ist tief pessimistisch: »Was hilft es zu versuchen, ein
Leben aufzubauen, wenn wir von Mächten beherrscht werden, die
wir nicht kennen?« Der Mensch, dem Zufall unterworfen, kann nicht

verantwortlich gemacht werden. In dem Zyklus von neun Novellen, mit denen Hansson seine Theorie veranschaulicht, bildet die Natur häufig den Rahmen. Sie ist Träger der Grundstimmung, Metapher für die Nähe des Menschen zu ihr und damit für seine Unergründlichkeit: »Und sie schien ihm der unheimliche Geist dieser Landschaft zu sein.« Neben der verfeinerten Schilderung der unbewussten Vorgänge bestimmen die langen Satzkonstruktionen, die morbide Stimmung und ein lyrischer Zug die Novellen, die der Autor als »Anekdoten, verinnerlicht zu Lyrik« bezeichnete.   ANTON M. BATLINER

171

Verner von Heidenstam

* 6. Juli 1859 in Olshammar (Schweden)
† 20. Mai 1940 in Övralid (Schweden)

(auch: Carl Gustaf Verner von Heidenstam) – Studium der Malerei
in Paris und Rom, ausgedehnte Studienreisen; ab 1912 Mitglied der
Schwedischen Akademie; Mitbegründer der Tageszeitung *Svenska
Dagbladet*; programmatischer Vertreter der schwedischen Neuromantik, verfasste Romane, Novellen, Essays und Gedichte; 1916 Nobelpreis
für Literatur.

Kulturkritische Schriften

Von den kulturkritischen Essays, die zwischen 1889 und 1900 erschienen, hatte die Programmschrift *Renässans*, 1889 (Renaissance), die
größte Wirkung. Sie markiert den Beginn der schwedischen Neuromantik der 1890er Jahre (›nittital‹), die in Selma Lagerlöf ihre international bekannteste Vertreterin fand. In Schweden selbst wurde Heidenstam zur Ikone der neuen Epoche. Hatte Georg Brandes in seiner
Kopenhagener Vorlesungsreihe *Hovedstrømninger i det 19de Aarhundredes
Litteratur*, 1871 (*Die Hauptströmungen der Literatur des neunzehnten Jahrhunderts*, 1872/73), mit großem Erfolg für eine zeitgemäße, naturalistische
Literatur in Skandinavien geworben, in der sich realistische Darstellung mit gesellschaftspolitischem Engagement verbindet, erhob Heidenstam das genaue Gegenteil zum Ideal. Statt soziale Veränderungen anzustreben, rät er zu gesellschaftspolitischer Resignation, dem
Anspruch fotografischer Mimesis setzt er eine metaphernreiche,
rhythmisch geformte, individuelle Ausdrucksweise entgegen, und
statt der Orientierung an internationalen Strömungen fordert er eine
Besinnung auf das Nationale. Literatur soll nicht der öffentlichen
Debatte dienen, sondern in der Einsamkeit als Schönheit erfahren
werden. Heidenstam setzt die favorisierten Eigenschaften jedoch
nicht absolut, sondern will sie als Phase einer dialektischen Bewegung
verstanden haben, die selbst eines Tages überholt sein wird. Die im
Titel genannte Renaissance meint deshalb ein allgemeines Prinzip
kultureller Entwicklung, die ständige Wiederentdeckung und gleich-
zeitige Umwertung früherer Stufen.

Bezeichnend für alle kulturkritischen Schriften Heidenstams ist seine Kritik an einem formalistischen Literaturverständnis. Mit dem Begriff des ›Schuhmacher-Realismus‹ polemisiert er in *Renässans* gegen eine naturalistische Mimesis, doch er wendet sich genauso gegen moderne Ästhetizismen (in *Inbillningens logik*, 1896; Die Logik der Einbildungskraft) wie gegen ältere Klassizismen (in *Klassicitet och germanism* 1898; *Classicität und Germanismus*, 1900, E. Stine).

Heidenstams Kritik ist eindeutig, doch wofür er steht, ist weniger leicht zu bestimmen. Alle seine Essays basieren auf der Konstruktion von Oppositionspaaren – Naturalismus gegen Idealismus, Klassisches gegen Individuelles, Ausländisches gegen Schwedisches –, wobei der jeweils erste Begriff den Status quo bezeichnet und negativ gewertet wird. Der positive Pol bleibt in allen Fällen ohne konkreten begrifflichen Inhalt. Er repräsentiert eine vage Mischung aus drängender Einbildungskraft, gefühltem Zusammenhang und gesteigerter subjektiver Darstellung. Das Nebulöse des Ideals ist jedoch beabsichtigt. Es ist wichtigstes Indiz für die Richtigkeit der dialektischen These, denn das Kommende kann nur erahnt werden. So schreibt Heidenstam in *Inbillningens logik*: »Das am tiefsten Gesehene wird nur dunkel verstanden und kann nur dunkel gesagt werden. Andernfalls würde man es verfälschen.«

Letztlich drückt sich in dieser Ästhetik der Glaube an eine allen Kulturprodukten zugrunde liegende dionysische Kraft aus. Dieses Credo wirkte auf die Zeitgenossen befreiend, doch erinnert die irrationale nationale und germanisierende Rhetorik spätere Leser unangenehm an ›völkische‹ Propaganda.　JOACHIM SCHIEDERMAIR

Das lyrische Werk

Dem zwischen 1880 und 1940 erschienenen, relativ schmalen und teilweise auch vertonten lyrischen Werk des Autors kommt insofern zentrale Bedeutung für die schwedische Literaturgeschichte zu, als sein Debütwerk, die Gedichtsammlung *Vallfart och vandringsår*, 1888 (Wallfahrt und Wanderjahre), die Periode der schwedischen Neuromantik einläutete. Dieser Band ist als gegen die herrschende Ästhetik des Naturalismus gerichtete Provokation und als Versuch einer ästhetischen Erneuerung gedacht. In meist episch-erzählenden, oft

gleichnishaften Gedichten sowie in kurzen Prosastücken, die realistische Anschaulichkeit und Detailreichtum naturalistischer Lyrik und
bunte Phantastik zu einem ›Einbildungsrealismus‹ (Heidenstam)
verbinden, vermittelt die Sammlung insbesondere ein exotisches Bild
des Vorderen Orients. Dieser für die einheimische Literatur neuartige,
im internationalen Kontext hingegen recht zeittypische Exotismus
setzt den für die schwedische Neuromantik so zentralen Begriff der
›Lebensfreude‹ (›livsglädje‹) in Szene, dessen gleichsam klassische
Verwirklichung in den Mythen Arabiens und der Antike gesehen wird.
In bewusster Travestie und Fortdichtung dieser Mythenstoffe soll das
Leben als über den Alltag herausgehobenes, dionysisch rauschhaftes
Fest gefeiert werden, wobei die epikureische Lebenseinstellung nicht
selten mit einem Aristokratismus einhergeht, der, von F. Nietzsche
und G. Brandes beeinflusst, das starke, bisweilen amoralische Individuum bewundert und einem elitären Egoismus huldigt. Machen
diese Gedichte mit ihrer Verherrlichung des Starken und ihrer oft auf
eine provozierende Wirkung hin konstruierten Pointe nicht selten
den Eindruck posierender ›Kraftmeierei‹, so enthält die Sammlung
daneben doch auch Texte, die in einer genrebildhaften Stilisierung
besinnliche und geheimnisvolle Stimmungen heraufbeschwören und
so stilistische und motivische Tendenzen des Symbolismus erahnen
lassen.

Ähnliche Tendenzen weist auch die Sammlung Dikter, 1895
(Gedichte), auf, nur ist hier der Exotismus zugunsten eines nicht minder zeittypischen nationalen Provinzialismus aufgegeben, der seinen
eigentlichen Höhepunkt in dem 1899 entstandenen Gedichtzyklus
»Ett folk« (Ein Volk) findet. Statt des Morgenlandes werden hier die
schwedische Landschaft sowie ihre Sitten, Gebräuche und Sagenwelt
verherrlicht. Heidenstams Stellung zu sozialen und politischen Fragen der Zeit schwankte stark zwischen sozialreformerischem Liberalismus im Sinne des ›Modernen Durchbruchs‹ sowie konservativer
Kapitalismuskritik und individualistischer Weltverachtung, wie sie
für die ästhetizistischen Strebungen der Décadence charakteristisch
sind. Diese Attitüde wird in Dikter als trotzige Abwehr einer melancho-
lischen und bisweilen auch angstvollen Stimmung erkennbar. Dies
kommt in einigen Gedichten zum Ausdruck, die schon in dem Zyklus

»Ensamhetens tankar« (Gedanken der Einsamkeit) der Debütsammlung ihren Vorläufer fanden: Diese Stücke zeigen ein lyrisches Ich, das seine Masken abgelegt hat und jenseits aller verstechnischen Bravourstücke sich wehmütigen Reflexionen über Vergänglichkeit und Tod hingibt.

Solcherlei Tendenzen kulminieren in dem Band *Nya dikter*, 1915 (Neue Gedichte), sowie in der in Heidenstams Todesjahr 1940 veröffentlichten schmalen Sammlung *Sista dikter* (Letzte Gedichte), die nach Ansicht vieler, auch jüngerer Literarhistoriker, die besten Gedichte enthält. Hier greift er in bewusstem Widerstand gegen den rhetorischen ›Glanz und Glamour‹ der Neuromantik auf schlichtere Formen zurück, die bisweilen Anklänge an den romantischen Volksliedvers erkennen lassen und vom Streben nach klanglicher Harmonie zeugen. In dieser Sammlung ist die aristokratische Pose der früheren Schaffensphase einer stillen Innerlichkeit gewichen, die allgemeingültigen humanitären Werten und einer mitmenschlichen Toleranz das Wort redet, da das »höchste Wunder« der Schöpfung der Mensch sei. Nicht selten ist dabei im Hintergrund ein religiöses Ideal zu erkennen. Dem Rückgriff auf klassische Vorbilder (Goethe) entspricht auch eine Zunahme reiner Naturlyrik, die in den älteren Sammlungen nur spärlich vertreten war.

Heidenstam, der auf dem Höhepunkt seines Ruhms als Nationaldichter verehrt wurde, büßte in den letzten Lebensjahrzehnten viel von seinem Ruf und seiner Stellung innerhalb der zeitgenössischen schwedischen Lyrik ein. Die meisten Gedichte aus *Vallfart och vandringsår* und auch aus *Dikter* erscheinen aus späterer Sicht recht zeitbedingt und ohne größeren Einfluss auf die der Neuromantik folgende Poesie seiner Heimat. Dies unterscheidet sein Werk von dem anderer Lyriker dieser Periode wie Gustaf Fröding und wohl auch Erik Axel Karlfeldt. In jüngster Zeit wurde seiner Lyrik mit all ihrer Widersprüchlichkeit allerdings eine neue literarhistorische Bewertung zuteil, die ihre Stärken und Schwächen in angemessener Weise zu berücksichtigen sucht. LUTZ RÜHLING

Knut Hamsun

* 4. August 1859 in Lom (Norwegen)
† 19. Februar 1952 in Nørholm (Norwegen)

(d. i. Knud Pedersen) – Autodidakt; verschiedene Berufe, u. a. in den USA; 1890 literarischer Durchbruch mit *Sult*; Distanzierung von Ibsen und Kielland, Einflüsse von Strindberg und Dostoevskij; neuromantische Romane, realistische Werke über norwegische Bauern und Fischer, die sich jedoch durch die Erzählerironie und ihre ambivalenten oder nihilistischen Sinnangebote vom ›Heimatroman‹ unterscheiden; 1920 Nobelpreis für *Markens grøde*; ab 1935 Nazi-Sympathisant, 1947 Landesverräterprozess; großer Einfluss auf skandinavische Autoren; breite Rezeption in Deutschland; u. a. von Thomas Mann und Henry Miller bewundert.

176

Hunger / Sult

Der handlungsarme, hauptsächlich aus Beobachtungen, Assoziationen und Reflexionen bestehende Roman, der 1890 erschien, berichtet aus der Perspektive des Ich-Erzählers von der Zeit um 1886, als dieser »in Kristiania umherging und hungerte, in dieser seltsamen Stadt, die keiner verlässt, ehe er von ihr gezeichnet worden ist«. Der anonyme Erzähler ist ein introvertierter junger Intellektueller, der auf der tiefsten Stufe der sozialen Existenz dahinvegetiert. Seine einzigen Einnahmequellen sind das Pfandhaus und die Redaktionen verschiedener Zeitungen. Der Hunger, als Zentralmotiv des Romans in verschiedenen Stadien umschrieben, bringt ihn allmählich in einen Zustand psychosomatischer Debilität, in dem äußerste Wachsamkeit mit extrem geschärftem Wahrnehmungsvermögen und langsames, dem Tod nahes Dahindämmern einander ablösen. Trotz der durch den Hunger hervorgerufenen schizoiden Verhaltensweisen lehnt er in verbissener Selbstachtung und einem selbst durch schlimmste Demütigungen nicht zu brechenden Stolz jede Hilfe ab und gerät dadurch zusehends in eine körperliche und seelische Katastrophe.

Gleichsam als Ansatz einer ›Handlung‹ durchzieht eine Liebesgeschichte die vier Abschnitte des Buchs. Die Erfahrung, dass die Geliebte, der er den Namen »Ylajali« gibt, seine übersteigerte Sensibilität als Wahnsinn interpretiert, verschärft seine desolate Situation, doch jedes Mal, wenn der äußerste Punkt der Existenzmöglichkeit gekommen zu sein scheint, zeigt sich vorübergehend ein Ausweg. Die Abstände zwischen den Krisen füllt der Held einerseits mit unablässigem Wandern durch die Stadt, andererseits mit unaufhörlichem Schreiben, wobei ihm die Aussichtslosigkeit seines Tuns kaum zu Bewusstsein kommt. Auf dem Höhepunkt der Krise, als kein Ausweg mehr möglich scheint, nimmt ihn ein russisches Schiff als Hilfsmatrosen mit nach England.

Die Tatsache, dass der Roman einen autobiographischen Bezug hat, dürfte für seine literarische Bewertung nur von untergeordneter Bedeutung sein, da durch die starke Stilisierung nicht so sehr Sujet und Handlung als vielmehr die literarische Verfahrensweise wesentlich erscheinen. Die Wiedergabe von Geschehnissen spielt eine untergeordnete Rolle; stattdessen werden vor allem Beobachtungen, Assoziationen, Zuständlichkeiten und psychosomatische Vorgänge geschildert, die aus der extremen körperlichen und seelischen Verfassung des Erzählers gleichsam materialistisch-positivistisch motiviert werden. Mit den modernen Stilmitteln des inneren Monologs und der erlebten Rede, die Hamsun als einen der gewichtigsten Vorläufer von Proust und Joyce ausweisen, erreicht das Werk einen ›Sekundenstil‹, in dem bisweilen die Erzählzeit länger als die erzählte Zeit ist. Die Technik dieses Erzählens besteht aus dem ständigen Wechsel vom vergegenwärtigenden Präsens zum erinnernden Präteritum. Im Psychogramm des Protagonisten spielen vor allem die Partien, in denen die ganze Umwelt und die Zeit durch sein assoziierendes Bewusstsein zergliedert werden, eine wesentliche Rolle und dienen gleichsam als dichterische Bestätigung von Hamsuns im selben Jahr erschienener zentraler Programmschrift »Fra det ubevidste Sjæleliv« (Vom unbewussten Seelenleben). FRITZ PAUL

Pan / Pan. Af Løjtnant Thomas Glahns Papirer

Der 1894 erschienene Roman besteht in seinem Hauptteil aus dem in Rückschau, angeblich »zu seinem eigenen Vergnügen« niedergeschriebenen Bericht des Leutnants Thomas Glahn über die Sommermonate, die er 1855 in den Wäldern Nordnorwegens verlebt hat: Bei seinen wenigen Besuchen im nah gelegenen Städtchen Sirilund lernt er die Familie des reichen Kaufmanns Mack kennen, vor allem dessen Tochter Edvarda, ein äußerlich nicht sehr reizvolles, aber eigenwilliges und faszinierendes Mädchen. Glahn, ein eher ungelenker Einzelgänger, verliebt sich in Edvarda und gerät wegen deren aus wechselnder Abweisung und Zuwendung bestehenden undurchsichtigen Verhaltens in immer tiefere Abhängigkeit von ihr. Trotzdem kommen sich die beiden näher, bis Glahn eines Nachts die offensichtlich zum Geschlechtsverkehr bereite Edvarda durch ein wohl durch unbestimmte Sexualangst motiviertes Ausweichmanöver verärgert. Daraufhin steigert sich Edvardas kapriziöses Verhalten zu mutwilligem Spott, mit dem sie die Ungeschicklichkeiten des Leutnants in Gesellschaft anderer bloßstellt und ihn zu immer neuen Entgleisungen provoziert, so dass er sich schließlich in irrationaler Ratlosigkeit eine Kugel durch den Fuß schießt.

178 Dieser tragikomische Unglücksfall scheint zunächst eine Wende herbeizuführen. Aber nachdem Glahn genesen ist, setzen sich die affektgeladenen Auseinandersetzungen zwischen ihm und Edvarda fort, und er gerät in eine teils selbstverschuldete, teils aufgezwungene Isolation. Auch die Zuneigung Evas, der kindhaft-jungen Frau des Schmieds, die Glahn zu trösten versucht und mit der er eine kurze, intensive Beziehung hat, kann nicht bewirken, dass er Edvarda vergisst. Als Mack von einer längeren Reise in Begleitung eines aus Finnland stammenden, standesgemäßen Barons zurückkehrt, den er Edvarda zugedacht hat, ist Glahns Situation hoffnungslos geworden. In Eifersucht und Trotz verhärtet, kann er in den versöhnlichen Gesten, mit denen Edvarda ihn nun wieder lockt, nur noch subtilere Formen weiblicher Bosheit sehen. Als er sich schließlich verabschiedet, um fortzureisen, bittet Edvarda ihn, ihr den Hund Äsop als Andenken zurückzulassen. Glahn jedoch erschießt das Tier und lässt Edvarda den Kadaver überbringen. Als er einen riesigen Felsblock in den Fjord hinabstürzen lässt, um auf diese Weise dem Postschiff mit dem Baron an Bord seinen »Salut« zu erbringen, zermalmt der Stein Eva, die am Ufer gerade eine Arbeit verrichtet.

Ein Epilog (»Ein Papier aus dem Jahre 1861«) enthüllt das weitere Schicksal des Leutnants: Ein Ungenannter erzählt, Glahn habe den

Dienst quittiert und sei mit ihm nach Indien zur Jagd gereist. Inzwischen dem Alkohol zugetan, habe Glahn seine Freundschaft schmählich missbraucht und ihn mit seiner (des Berichtenden) Geliebten betrogen. Darauf habe er den Leutnant, von diesem aufs Heftigste provoziert (nachdem er zuvor einen Brief aus der Heimat – offensichtlich von Edvarda – erhalten hatte), durch einen Kopfschuss getötet.

Mit der Gestalt des Leutnants Thomas Glahn setzt der Autor die Reihe der extremen Individualisten seiner frühen Romane (Nagel in *Mysterier*, 1892; Høibro in *Redaktør Lynge*, 1893) fort. Kennzeichnend für diese ist u.a. die Ambivalenz ihrer Hauptfiguren, die nur noch im Tod aufgelöst werden kann. Nicht zuletzt wegen der eindringlichen Sprachkraft, der großartigen lyrischen Naturschilderungen und der subtilen Psychologie der dargestellten Personen beansprucht *Pan* weiterhin den Rang eines Hauptwerks der modernen Weltliteratur. KLL

179

Arne Garborg

* 25. Januar 1851 in Time (Norwegen)
† 14. Januar 1924 in Labraaten bei Oslo (Norwegen)

(auch: Aadne Garborg) – Bauernsohn, wuchs in streng religiösem
Milieu in Südwestnorwegen auf, 1866–1873 Lehrerausbildung, ab 1873
politisch engagierter Journalist in Oslo; Anhänger der neunorwegi-
schen Sprachbewegung, verfasste ab Ende der 1870er Jahre Essays,
Erzählungen, Romane und Gedichte, einer der bedeutendsten neu-
norwegischen Autoren.

Müde Seelen / Trætte Mænd

Der in Tagebuchform verfasste und 1891 erschienene Roman, gleichzeitig der vierte und letzte Teil der in der norwegischen Hauptstadt
spielenden »Kristiania-Tetralogie«, dokumentiert die Lösung des
Autors vom Naturalismus der früheren Romane wie *Bondestudentar*
(1883) oder *Mannfolk*, 1886 (*Aus der Männerwelt*, 1888). Gabriel Gram,
die mit stark autobiographischen Zügen ausgestattete Hauptfigur
des Werks, hat sich vom zeitgenössischen Optimismus losgesagt. In
seinen Aufzeichnungen wird sein zwischen Pessimismus und religiösem Glauben schwankendes Verhältnis zu zwei (bereits aus den
anderen Teilen des Zyklus bekannten) Personen geschildert: zu dem
fortschrittsgläubigen, areligiösen Advokaten Georg Jonathan, der zu
einer materialistischen Weltanschauung tendiert, und zu dem Arzt
Dr. Kvaale, der zutiefst pessimistisch veranlagt ist, dem eine natürliche
Vitalität fehlt und der schließlich aus Lebensangst und Lebensüber-
druss freiwillig in den Tod geht.

In Gabriel Gram hingegen siegt letztlich die Religion, und so hat
man in diesem Roman eine religiöse Bekenntnisschrift des Autors
gesehen, in der sich seine Befreiung und seine Abkehr vom Naturalismus als einer Weltanschauung manifestieren. Deutlich verneint
wird die Frage nach der Möglichkeit eines Lebens, das sich allein nach
materialistischen und atheistischen Grundsätzen ausrichtet; stattdessen wird als Norm der positive Wert einer innerlich erlebten Religion
gesetzt, durch die die allgemeine Lebensangst und der Überdruss am
Dasein überhaupt, überwunden werden könnten. Wenn sich dieses

Werk auch noch mit Blick auf Stoff und Milieu den naturalistischen Romanen zuordnen lässt, spiegeln Stil und Idee doch deutlich wider, wie sehr der Autor seine Ansichten revidiert und sich zu einer neuen Überzeugung durchgerungen hat. Die ›abfotographierende‹, detailliert beschreibende realistische Wirklichkeitsschilderung wird nun von einem räsonierenden und reflektierenden, in manchen Partien auch beißend-satirischen Stil abgelöst, der der Grundidee des Buches gerecht wird. Der Text ist daher ein Beispiel für den für die europäische Literatur dieser Zeit typischen Übergang vom Spätnaturalismus zur literarischen Dekadenz. HEIKO UECKER

181

ARNE GARBORG

Benedikt Sveinbjarnarson Gröndal

* 6. Oktober 1826 in Bessastaðir (Island)
† 2. August 1907 in Reykjavík (Island)

Sohn des Schriftstellers und Gelehrten Sveinbjörn Egilsson; Philologe, Schriftsteller und Übersetzer; Verfasser von Kurzprosa, Gedichten und einer Autobiographie; wichtiger isländischer Autor und Gelehrter des 19. Jh.s.

Die Saga von Thord Geirmundsson / Þorðar saga Geirmundssonar

Die 1891 erschienene Erzählung beginnt, dem Titel entsprechend, ganz wie eine altisländische Saga: Zunächst wird der Bauer Geirmundur namentlich eingeführt, es folgen eine knappe Genealogie und die Aufzählung seiner Kinder, und erst danach wird der Protagonist vorgestellt: sein ältester Sohn Þorður (Thord). Dem in den isländischen Sagas geschilderten Brauch entsprechend bittet er seinen Vater um eine Schiffsausrüstung, da er ins Ausland reisen möchte: Zu Hause ist es ihm zu langweilig geworden. Geirmundur erfüllt ihm den Wunsch, wenn auch ungern. Als Abschiedsgeschenk gibt er dem Sohn einen »Regierungshut«, ein altes Erbstück der Familie, zusammen mit einem Sammelsurium von Gesetzesbüchern, vom kanonischen Recht bis zu ältesten germanischen Rechtsaufzeichnungen. Mit dem Hut sind die wunderlichsten Geschichten verbunden, und nicht weniger wunderlich gestaltet sich die Reise des Sohnes, der von einem Abenteuer ins andere gerät, die seltsamsten Kämpfe zu bestehen hat und sich schließlich auf den Weg macht, um auf den Rat eines Freundes hin Latein zu lernen – als unbedingt nötige Voraussetzung für eine politische Karriere, zu der ihn der Hut ja verpflichtet. Auf dieser Reise stoßen ihm freilich wieder die eigenartigsten Dinge zu.

Wie die Erzählung *Saga af Heljarslóðarorrustu*, 1861 (Die Saga von der Schlacht auf dem Helfeld), baut sich auch dieses kleine Werk aus einem bunten Gemisch von Wirklichem und Phantastischem, Gegenwart und Vergangenheit auf, wobei die Sagaform den Rahmen abgibt für die vielfältigen Anspielungen auf die verschiedensten zeitgenössischen Personen und Begebenheiten. Nicht selten erhält die karikierende Darstellung einen scharfen Ton, der nach außen hin zumeist ganz harmlos anmutet und erst im Zusammenhang mit den Angriffspunkten voll verstanden werden kann. Gerade aber in dem nicht ausdrücklich Ausgesprochenen liegt Gröndals Kunst: Der Eingeweihte weiß, worum es geht, und darauf kommt es dem Autor an. Reizvoll an der Erzählung ist vor allem die geglückte Mischung unterschiedlicher literarischer Darstellungsformen und Erzählhaltungen, die einerseits den altisländischen Sagastil nachahmen, andererseits aber auch neueren Prosagattungen verpflichtet sind, wie etwa dem picarischen Roman. BÄRBEL DYMKE

Amalie Skram

* 22. August 1846 in Bergen (Norwegen)

† 15. März 1905 in Kopenhagen (Dänemark)

Eine erste, im Alter von 18 Jahren geschlossene Ehe mit einem Kapitän wurde geschieden; durch ihren zweiten Ehemann gewann sie Zugang zum Brandes-Kreis um die ›Männer des modernen Durchbruchs‹ in Kopenhagen; schrieb zunächst Literaturkritik und naturalistische Erzählungen, deren Angriffe auf die Versorgungsehe und die gesellschaftliche Doppelmoral das zeitgenössische Publikum schockierten; mehrere Aufenthalte in der Psychiatrie, die sie in ihren Romanen thematisierte, lösten wiederum heftige öffentliche Debatten aus.

Verraten / Forraadt

Der 1892 erschienene Roman schildert die Ehe der jungen Aurelia, genannt Ory, mit dem wesentlich älteren Kapitän Riber. Der Abschied vom Elternhaus und der Gedanke, mit einem Mann allein zu sein, bedrücken das unberührte und unaufgeklärte Mädchen schwer. In der Hochzeitsnacht will sie vor ihrem Mann fliehen. Ohne von ihr ebenso starke Gefühle zu erwarten, empfindet Riber eine tiefe Zuneigung zu ihr. Er ist schon froh darüber, dass er ihr, wie sie ihm zögernd gesteht, wenigstens nicht ganz gleichgültig ist. Behutsam, beinahe demütig wirbt der sonst herrische und polternde Seemann um sie.

Nach der Hochzeit muss Ory ihren Mann auf einer langen Seereise begleiten. Bald kommt sie dahinter, dass Riber vor seiner Heirat Beziehungen zu verschiedenen anderen Frauen hatte und kann nicht begreifen, dass man sie mit einem ›erfahrenen‹ Mann verheiratet hat. Riber verteidigt sich: Er habe es »bei weitem nicht so schlimm getrieben« wie die meisten anderen und sei auch stets dem Grundsatz treu geblieben, sich nie mit einer verheirateten Frau einzulassen. Um ihm durch Nachvollzug und Verstehen näher zu kommen, fordert Ory, dass er ihr sein Vorleben beichten solle. Riber gesteht ihr daraufhin einige aus seiner Sicht durchaus harmlose Abenteuer und zeigt sich reumütig. Angezogen und abgestoßen zugleich, verlangt sie weitere Geständnisse und Details. Die Distanz zwischen den Eheleuten wird immer größer. Schlaflos liegt Riber nachts in seiner Kajüte und wird von Skrupeln geplagt. Da er sich von Ory verraten fühlt, stürzt er sich schließlich ins Meer.

Forraadt ist Amalie Skrams einziger Roman, in dem sie die Heirat zum eigentlichen Thema macht. Die Hochzeitsgesellschaft gleicht einer Beerdigungsgesellschaft: Wie ein Gang zum Schafott wird die Trauung der kindlichen Braut mit dem erfahrenen Mann beschrieben. Sowohl Ory als auch Riber werden als Opfer der sexuellen Doppelmoral und der Rollenstereotypen der bürgerlichen Gesellschaft dargestellt. Die unüberbrückbare, paradox wirkende Diskrepanz ihrer Vorstellungen von einer idealen Lebensgestaltung und die unterschiedlichen Auffassungen von Sexualität und von den sozialen Aufgaben von Mann und Frau führen zur Vernichtung beider.

FRANZ J. KEUTLER / ANNE RICHTER

185

Sigbjørn Obstfelder

* 21. November 1866 in Stavanger (Norwegen)
† 29. Juli 1900 in Kopenhagen (Dänemark)

Abgebrochenes Studium der Philologie; nicht beendete Ausbildung
zum Maschineningenieur; Arbeit in den USA, vorübergehend in
psychiatrischer Behandlung; ab 1889 unstete Reisen nach Stockholm,
Kopenhagen, Berlin, Paris; zu Lebzeiten erschienen nur ein Gedichtband, zwei lyrische Dramen und Kurzprosa; Vorbild u. a. für Rilkes
Malte Laurids Brigge; bedeutendster norwegischer Dichter des Fin de
Siècle, Hauptvertreter des Symbolismus;

Das lyrische Werk

Obstfelder gilt als erster Modernist der skandinavischen Literatur,
als einziger Symbolist Norwegens und Protagonist des ›seelischen
Durchbruchs‹ (der intendierten Überwindung des naturalistischen
›Modernen Durchbruchs‹). Seine Absicht war es, den flüchtigen
Augenblick einzufangen, Träumen und Phantasien Ausdruck zu
verleihen und so eine Kunst zu schaffen, die – in der Formulierung
Hamsuns (1890) – einen Eindruck vermitteln sollte vom »unbewussten Seelenleben«. Der auffallende Subjektivismus artikuliert sich
in der Ich-Form fast aller Gedichte. Im thematischen Mittelpunkt
stehen Frauengestalten. So zeigt das Quartett »Piger« (Mädchen) in
den ersten beiden Teilen die Gedanken eines jungen Mädchens in der
Natur, während die folgenden Teile aus der Perspektive einer Frau ihre
sexuelle Dominanz und Macht schildern. Die Mehrdeutigkeit ihrer
Gestalt nimmt die zeittypische Dichotomie von ›Madonna und Hure‹
auf und erinnert an die dämonisierten Frauengestalten der Bilder
Edvard Munchs.

Der lyrische Subjektivismus und der Bruch mit traditionellen
Genreformen vor allem in den Prosagedichten macht die exakte
Trennung von Prosa- und lyrischem Werk ebenso schwierig wie eine
genrebezogene Phaseneinteilung. Zwar lassen sich die Versgedichte
vor allem dem Frühwerk zuordnen, während die etwa 30 Prosagedichte nach dem Vorbild von Baudelaires *Petits poèmes en prose*
zumeist nach 1893 entstanden. Versuche mit dieser Form reichen

jedoch bis in die 1880er Jahre zurück und werden bis zum letzten Gedicht »Hunden« (Der Hund) fortgeführt, das kurz vor Obstfelders Tod entstand.

1893 erschien der einzige Gedichtband zu Lebzeiten: *Digte* (Gedichte). Er erregte in literarischen Kreisen großes Aufsehen, stieß aber beim Publikum auf Unverständnis und wurde ein finanzieller Misserfolg. 1894 fand Obstfelder in Kopenhagen losen Anschluss an die Gruppe um den Symbolisten Johannes Jørgensen, in dessen Zeitschrift *Taarnet* er das Prosagedicht »Natten« (Die Nacht) veröffentlichte. Der befreundete Dichter Viggo Stuckenberg gab 1903 eine Auswahl aus Obstfelders Nachlass heraus (*Efterladte Arbeider*; Nachgelassene Arbeiten). Im Herbst 1894 schloss sich Obstfelder dem Stockholmer Kreis um die Schriftstellerin Ellen Key an.

Schon zu Lebzeiten bildete sich ein Mythos um seine Person, in dem sich Biographisches mit (einseitig rezipierten) Motiven des Werks verband. Edvard Munchs Porträt von ihm (1896) und die Figur des Dichters in Hjalmar Söderbergs Erzählung »Aprilviolerna«, 1922 (Aprilveilchen), prägen bis heute sein Bild, ganz im Sinne von Helge Rodes Gedicht »Sigbjørn Obstfelder«: »Ingen anden var saa stille [...] Ensom mand paa stejle veje [...]« (Kein anderer war so still [...] Einsamer Mann auf steilen Wegen [...]). Obstfelders Leben und früher Tod bildeten das Modell für Rilkes *Malte Laurids Brigge*. Die letzten Zeilen seines bekanntesten Gedichts »Jeg ser« (Ich sehe) werden oft herangezogen, um das Werk zusammenfassend zu charakterisieren: »Jeg er vist kommet på en feil klode! / Her er så underligt ...« (Ich bin gewiss auf einen falschen Planeten gekommen! / Hier ist es so seltsam [...]).

Aber neben den düsteren finden sich auch ganz andere Texte. In *Digte* werden ekstatische Hymnen an das Leben, Ausdruck einer nahezu pantheistischen Naturvorstellung und überschäumender Lebensfreude, relativiert durch Verlorenheitsgefühl und Angst. »Bugen«, 1893 (Der Bauch), zeigt am eindrucksvollsten die Technik der Prosagedichte und nimmt eine Reihe der zentralen Themen und Bilder auf: »›Ser du mig?‹ / Derinde natten. Derude dagen. / På kvindens svulmende bug falder morgenens blege stråler. / Det høie, hvide mellem natten og dagen, var det hans hustru? / Den hede, dampende bug bærer den hans barn? ›Ser du mig?‹ / – – Og han lusker afsted, i det

kolde grålys, ned mod bryggerne. Fiskeådslerne stinker. I det grøngrå
vand møder ham hans ansigt, idiotisk, dødt. / Slumrer hans barns
spire derinde i den svulmende, dampende bug?« (›Siehst du mich?‹ /
Drinnen Nacht. Draußen Tag. / Auf den schwellenden Bauch der Frau
fallen die bleichen Strahlen des Morgens. / Das Hohe, Weiße zwischen
Nacht und Tag, war das seine Frau? / Der heiße, dampfende Bauch,
trug der sein Kind? ›Siehst du mich?‹ / – – Und er schleicht sich weg,
im kalten Morgengrauen, hinunter zu den Brücken. Die Fischkadaver
stinken. In dem grüngrauen Wasser begegnet ihm sein Gesicht, idio-
tisch, tot. / Schläft der Samen seines Kindes dort in dem schwellenden
dampfenden Bauch?) Texte wie dieser prägten die Vorstellung von
Obstfelders Frauenbild, im Gegensatz zu Gedichten, in denen von
erfüllter Liebe, Ehe oder dem erotischen »Elskovhvisken« (Liebes-
geflüster) die Rede ist. Auch einige formale Kennzeichen werden an
dem Beispiel deutlich: starke Kontraste, Dialogpassagen, Kombinatio-
nen sinnlich-realistischer Elemente mit Imaginationen.

188

 Die große Bedeutung der Musik, namentlich des Volkslieds, zeigt
sich nicht nur in den Titeln (»Nocturne«, »Barcarole«, »Berceuse«), sondern auch in der Formensprache vieler Gedichte: ihrem musikalischen
Satzrhythmus, betonten Pausen, Parallelismen, Lautketten und Wiederholungen. Der Bruch mit Endreim und festem Metrum, der in den
Prosagedichten kulminiert, folgt neben Baudelaire und den französischen Symbolisten dem Vorbild des bewunderten Henrik Wergeland,
der Lyrik J. P. Jacobsens und Walt Whitmans. HEIKE DEPENBROCK

Karl Adolph Gjellerup

* 2. Juni 1857 in Roholte (Dänemark)
† 9. Oktober 1920 in Klotzsche bei Dresden (Deutschland)

Theologiestudium; Abwendung vom Christentum und Hinwendung zum Naturalismus unter dem Einfluss von Georg Brandes, nach der Beschäftigung mit Schopenhauer und Wagner Entwicklung eines buddhistisch geprägten Symbolismus; produktiver Erzähler und Dramatiker in dänischer, nach der Übersiedlung 1892 in deutscher Sprache; 1917 Nobelpreis für Literatur (zusammen mit Pontoppidan).

Der Pilger Kamanita / Pilgrimmen Kamanita

Die 1906 erschienene Erzählung aus seiner letzten Schaffensperiode bezeichnete der Autor als »Legendenroman«. Der Pilger Kamanita hat in demselben Haus wie Buddha ein Nachtquartier gefunden und erzählt diesem – für ihn nur ein unbekannter Mönch – seine Lebensgeschichte: Der vielversprechende junge Mann war von seinem Vater ausgeschickt worden, um Waren einzutauschen, verliebte sich unterwegs in das Mädchen Vasitthi und fiel auf seiner Rückreise einer Räuberbande in die Hände. Sein Rivale gewann Vasitthi für sich, weil er sie glauben machte, Kamanita sei von den Räubern umgebracht worden. Bei seiner zweiten Reise erblickt Kamanita Vasitthi inmitten ihres Hochzeitszugs. Enttäuscht über ihre Treulosigkeit, kehrt er in seine Vaterstadt zurück, wo er sich dem Wohlleben ergibt und schließlich eine konventionelle Ehe einging. Als er eines Tages die Nichtigkeit seines bisherigen Lebens erkennt, verlässt er sein Haus.

Als »Gegengabe« für diese Erzählung legt ihm sein Gegenüber die Lehre Buddhas aus. Kamanita erkennt weder den Buddha, noch kann er seine Weisheiten erfassen. Da er gehört hat, Buddha halte sich in unmittelbarer Nähe auf, bricht er am Morgen eilig auf, um nach ihm zu suchen. In blinder Hast stößt er mit einer Kuh zusammen und stirbt an der erlittenen Verletzung. Er erwacht im Paradies des Westens und sieht dort Vasitthi wieder. Mit ihrer Hilfe gelangt er zur nächsten Seinsstufe. Als Doppelgestirn gehören die beiden Liebenden nun dem Reich des hunderttausendfachen Brahma an und gehen, nachdem sie den Zustand der Leidenschaftslosigkeit erreicht haben, schließlich ins Nirvana ein.

Gjellerup hebt in einer Schlussnote hervor, dass er sich bei der Gestaltung der Episoden fast ausschließlich auf indische Quellen gestützt habe. Wie Karl Eugen Neumann, der mit ihm befreundete Gelehrte und Übersetzer der *Reden Buddhas*, sieht auch er die Aufgabe des Dichters darin, »die Buddhalehre bei uns zum Leben« zu erwecken. Ein für ihn typischer, der indischen Philosophie aber fremder Grundgedanke tritt in dieser nicht immer gelungenen Popularisierung hervor: die Läuterung und Erlösung des Mannes durch die Frau. Sein gesamtes Wissen über Indien schöpfte Gjellerup aus Büchern; umso erstaunlicher ist es, wie viel er von Kultur und Atmosphäre dieses Landes einfangen konnte. Dabei gelangen ihm trotz seines häufig trockenen Stils Passagen von hoher poetischer Qualität. MARTIN DREHER

Gunnar Gunnarsson

* 18. Mai 1889 in Valþjófsstaður í Fljótsdal (Island)
† 21. November 1975 in Reykjavík (Island)

Mit 17 Jahren Veröffentlichung der ersten Lyrikbände; 1907–1909 Besuch der Folkehøjskole in Askov (Dänemark); ab 1910 freier Schriftsteller; veröffentlichte aus finanziellen Gründen in dänischer Sprache; 1912 literarischer Durchbruch mit dem Roman *Af Borgslægtens Historie* (*Die Leute auf Borg*, 1927); 1939 Rückkehr nach Island; ab 1948 in Reykjavík; Übersetzung der eigenen Werke ins Isländische.

Das erzählerische Werk

Wie viele andere isländische Schriftsteller siedelte der Autor zu Beginn des 20. Jh.s aus ökonomischen Gründen nach Dänemark über und publizierte in dänischer Sprache. Seinen Durchbruch erzielte er mit der Tetralogie *Af Borgslægtens Historie*, 1912–1914 (*Die Leute auf Borg*, 1927, J. Sandmeier), die 1920 von Gunnar Sommerfeldt verfilmt wurde. Als wichtigstes autobiographisches Werk gilt die Pentalogie *Kirken paa Bjerget. Af Uggi Greipssons Optegnelser*, 1923 bis 1928 (dtsch. in drei Teilen: *Schiffe am Himmel*, 1928; *Nacht und Traum*, 1929; *Der unerfahrene Reisende*, 1939; alle übersetzt von E. Magnus). 1929 erschien der Roman *Svartfugl* (*Schwarze Vögel*, 2009, K.-L. Wetzig), der das Genre der isländischen Kriminalliteratur begründete. Alle Romane wurden bereits kurz nach ihrem Erscheinen ins Isländische übersetzt, einer breiteren isländischen Öffentlichkeit jedoch erst nach Gunnarssons Rückkehr nach Island im Jahr 1939 bekannt, als er sein fast vollendetes Gesamtwerk übersetzte oder übersetzen ließ. Wegen dieser verspäteten Rezeption galt er in Island lange Zeit als konservativer Autor. Erst seit kurzem erkannte man, dass sein Werk im Kontext der dänischen und vor allem isländischen Literatur seiner Zeit erstaunlich modern ist.

Er suchte seine Themen in der isländischen Realität, die sich für ihn in der Natur des Landes spiegelt, im harten Klima und der kargen Natur, Kälte und Dunkelheit. Es dominiert der bäuerliche Alltag, in dem der Mensch ebenso wie die Tiere Teil der Natur und den Naturgewalten ausgeliefert ist. Im Zentrum aller Werke steht der zerrissene und entwurzelte Mensch, der versucht, sich von der Last seiner regionalen und familiären Vergangenheit zu befreien, aber dennoch weitgehend orientierungslos bleibt. Die bäuerliche Hofgemeinschaft spiegelt die isländische Gesellschaft mit ihrem Misstrauen gegenüber Fremden und ihrer Abhängigkeit von ausländischen Geldgebern. Die Unausweichlichkeit des Schicksals durchzieht als Leitmotiv das gesamte Werk.

Gunnarssons existenzialistische Grundhaltung bedeutete jedoch keinen endgültigen Bruch mit der christlichen Religion. Da er dem Menschen trotz seiner Determination durchaus einen freien Willen zugesteht, erhält sein Schicksalsbegriff einen geradezu mystischen Gehalt. Mit dieser Thematik gehört er zum Kreis der Autoren, bei denen die Erfahrungen des Ersten Weltkriegs die Zuversicht und den Glauben an eine positive Zukunft erschütterten.

Schon früh plante er eine Serie von Romanen über die tausendjährige Geschichte des isländischen Volkes. *Edbrødre*, 1918 (*Die Eidbrüder*, 1934, K. Holm), über den ersten isländischen Siedler Ingólfur Árnarson steht noch ganz in der nationalromantischen Tradition. Gunnarsson verklärt die isländische Vergangenheit und legt großen Wert auf Natur- und Personenschilderungen. In den 1930er Jahren erschienen dann *Jord*, 1933 (*Im Zeichen Jords*, 1935, H. de Boor), *Hvide-Krist*, 1934 (*Der Weiße Krist*, 1935, H. de Boor), und *Graamand*, 1936 (*Der graue Mann*, 1937, H. de Boor), eine Trilogie über Aufstieg und Niedergang des isländischen Freistaats im 10. und 11. Jh. Obwohl diese Romane noch kaum vom skandinavischen Sozialrealismus der Zwischenkriegszeit beeinflusst sind, wird die Darstellung der isländischen Vergangenheit in den letzten beiden Bänden zunehmend realistischer. Es wird deutlich, dass sich Gunnarsson intensiv mit der Forschung zum isländischen Mittelalter befasst hat, so dass die Trilogie sowohl die zeitgenössische Diskussion über die Christianisierung Skandinaviens reflektiert als auch die wechselnde Bewertung der vorchristlichen Literatur und Kultur. Darüber hinaus ist zu erkennen, dass er neue Formen der Spiritualität suchte, nachdem er den Glauben an die Humanität und das Gute im Menschen verloren hatte. *Advent*, 1937 (*Advent im Hochgebirge*, 1936, H. de Boor), der letzte Roman vor Gunnarssons Rückkehr nach Island, propagiert die christlichen Grundtugenden und verbindet damit eine Warnung an seine Zeitgenossen vor der Bedrohung Europas.

1927 hatte er unter dem Titel *Det Nordiske Rige* (Das Nordische Reich) Reden veröffentlicht, in denen er für die Idee eines ›vereinigten nordischen Staates‹ eintrat. Er stieß damit bei dänischen Politikern auf Kritik, erzielte aber in Deutschland großen Erfolg, obwohl er eigentlich genau vor diesem ›südlichen Nachbarn‹ warnen wollte. Im gleichen Jahr wie die deutsche Fassung von *Advent*, die sogar vor dem dänischen Original veröffentlicht wurde, erschien auch die deutsche Übersetzung von *Sagaøen*, 1935 (*Island. Die Sagainsel*, 1936, H. de Boor), einem populärwissenschaftlichen Abriss der isländischen Geschichte, in dem Gunnarsson das Gedeihen der isländischen Nation auf die »Reinheit ihrer Rasse« zurückführt. Auch wenn er seine größte Popularität während der Zeit des Nationalsozialismus erreichte, kann er selbst nicht als überzeugter Nationalsozialist bezeichnet werden. Vielmehr diente die fiktionalisierte isländische Vergangenheit seiner historischen Romane den Vertretern des Nationalsozialismus als Entwurf für eine ideale deutsche Realität.   STEFANIE WÜRTH   193

Gedruckt auf chlorfrei gebleichtem, säurefreiem und alterungs-
beständigem Papier

Bibliografische Information der Deutschen Nationalbibliothek
Die Deutsche Nationalbibliothek verzeichnet diese Publikation
in der Deutschen Nationalbibliografie; detaillierte bibliografische
Daten sind im Internet über http://dnb.d-nb.de abrufbar.

ISBN 978-3-476-04065-7

© 2016 J.B. Metzler Verlag GmbH
In Lizenz der Kindler Verlag GmbH
www.metzlerverlag.de
info@metzlerverlag.de

Gestaltung: Finken & Bumiller, Stuttgart
(Umschlagfoto: shutterstock.com, Daniel Schreiber)
Satz: Dörlemann Satz, Lemförde
Druck und Bindung: Kösel, Krugzell

Printed in Germany

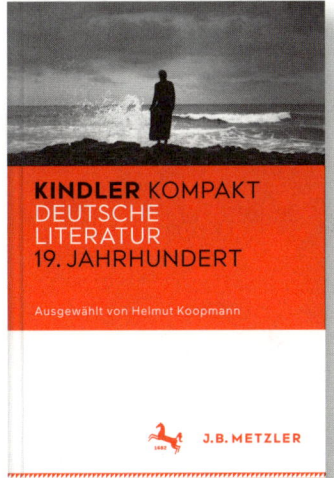

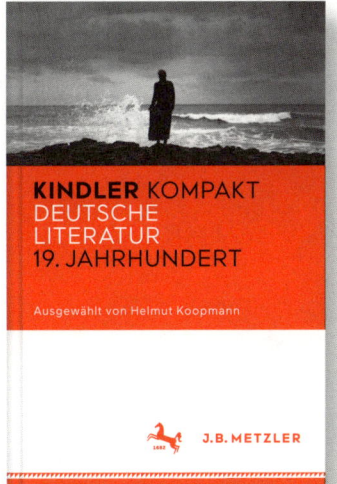